KB193701

깨어 기도할 수 없겠느냐

깨어 기도할 수 없겠느냐

지은이 | 황명환

초판 발행 | 2023. 2. 15.

등록번호 | 제1988-000080호.

등록된 곳 | 서울특별시 용산구 서빙고로65길 38

발행처 | 사단법인 두란노서원

영업부 | 2078-3352   FAX | 080-749-3705

출판부 | 2078-3331

책값은 뒤표지에 있습니다.

ISBN 978-89-531-4397-5 03230

독자의 의견을 기다립니다.

tpress@duranno.com   www.duranno.com

두란노서원은 바울 사도가 3차 전도여행 때 에베소에서 성령 받은 제자들을 따로 세워 하나님의 말씀으로 양육
하던 장소입니다. 사도행전 19장 8-20절의 정신에 따라 첫째 목회자를 돕는 사역과 평신도를 훈련시키는 사역,
둘째 세계선교(TIM)와 문서선교(단행본·잡지) 사역, 셋째 예수문화 및 경배와 찬양 사역, 그리고 가정·상담 사역 등을
감당하고 있습니다. 1980년 12월 22일에 창립된 두란노서원은 주님 오실 때까지 이 사역들을 계속할 것입니다.

깨어 기도할 수 없겠느냐

황명환

지음

두란노

지금은 기도할 때입니다

지난 몇 년간 코로나19로 교회 활동에 엄청난 제약이 생겼습니다. 마음이 무척 무거웠습니다. '이럴 때 교회가 무엇을 할 수 있을까?' 스스로에게 질문하고, 하나님께 물었습니다. 그때 들려온 음성이 있었습니다. "깨어 기도할 수 없겠느냐?"

부드럽지만 간절한, 그 속에 안타까움이 가득히 배어 있는 주님의 음성이었습니다. 그동안 기도한다고 애썼지만 더 힘쓰지 못한 것이 얼마나 죄송하던지요! 맞습니다. 지금은 기도할 때입니다. 기도는 미래를 위한 가장 좋은 준비이며, 미래에 대한 진정한 예언이며(기도하는 대로 될 것이니 기도는 예언입니다), 어려운 시절을 돌파하는 가장 위대한 무기입니다.

그래서 2021년 '가을 특별 새벽기도회' 주제를 "깨어 기도할 수 없겠느냐"로 정하고, 6일 동안 구약의 기도를 다루었습니다. 2022년 새해가 밝았는데 올해를 어떻게 기도하는 해로 만들 수 있을까 고민하면서, 첫

주일을 기도에 관한 내용으로 설교했습니다. 또 올해는 기도하는 한 해, 내 인생에서 가장 많이 기도한 해가 되자고 선언하고 한 달 동안 기도에 대한 설교를 이어 갔습니다. 그해 '봄 특별 새벽기도회' 그리고 '가을 특별 새벽기도회'도 똑같이 "깨어 기도할 수 없겠느냐"라는 주제로 진행했는데, 봄에는 신약의 기도를, 가을에는 예수님의 기도인 주기도문의 영적 의미에 초점을 맞추었습니다.

1년 동안 수서교회는 매일 30분 이상 기도하고 확인할 수 있도록 기도 어플리케이션을 만들었습니다. 15분 이상 기도하면 파란 점이 찍히고, 30분 이상 기도하면 빨간 점이 찍히게 해서 자기 기도 시간을 기록하고 확인할 수 있도록 만들었습니다. 그리고 2월 첫 주일(교회 창립기념일)부터 기도 사역을 시작했습니다. 교회는 주보에 한 주 동안 기도에 참여한 성도의 숫자와 그들이 기도한 시간을 종합해서 실었습니다. 그리고 매달 마지막 주에는 한 달 동안 개근한 성도의 명단을 실었습니다. 이렇게 시작한 기도 사역이 6개월이 지나고 후반부 6개월을 시작하기 전, 두 주 동안 기도에 관한 설교를 다시 하면서 기도에 힘을 내도록 권면했습니다.

이제 1년 동안의 기도 사역을 마치면서 세 번의 특별 새벽기도회 내용과 기도에 대한 6번의 권면 설교를 모아 한 권의 책으로 만들었습니다. 그것이 바로 이 책《깨어 기도할 수 없겠느냐》입니다. 그러고 보니 이 책은 기도하라는 하나님의 명령에 순종한 결과물이라는 생각이 듭니다.

지금은 기도할 때입니다. 아니, 사실은 언제나 기도할 때입니다. 기도 없는 신앙은 공허합니다. 하나님은 인격적인 분인데, 그분과 교제하고 도움을 받으려면 기도하지 않을 수 있겠습니까? 이제는 모두가 기도하기를 바라는 마음을 이 작은 책에 담았습니다. 이 책을 통해 한 명의 성도라도 기도하고자 하는 마음이 생겨난다면, 기도가 얼마나 위대하고 행복한 것인지 조금이라도 깨닫게 된다면, 그래서 기도를 향해 한 걸음이라도 내딛는 도구가 된다면 더 바랄 것이 없겠습니다.

2023년 2월
수서동산에서 황명환 목사

차례

Part 3.

신약의 성도들은
이렇게 기도했습니다

Part 4.

예수님은
이렇게 기도하셨습니다

Part 1

지금은
기도할 때입니다

01

오직 여호와를
앙망하는 사람

✦

이사야 40:31

오직 여호와를 앙망하는 자는 새 힘을 얻으리니 독수리가 날개치며 올라감 같을 것이

요 달음박질하여도 곤비하지 아니하겠고 걸어가도 피곤하지 아니하리로다

깨어 기도할 수 없겠느냐

어떤 사람이 지인이 야생 꿩을 길들이는 방법을 개발했다는 소리를 듣고 깜짝 놀랐습니다. '꿩이란 사람이 다가가면 깜짝 놀라 날아오르는 습성이 있는데 어떻게 길들인다는 말인가? 보이지 않게 높은 그물을 쳐 놓았겠지'하고 생각하다가 사육장을 방문해 보기로 했습니다. 가서 보니 그분은 꿩을 들판에 풀어놓고 먹이를 주고 있었습니다. 높은 담도, 그물도 없었습니다. 꿩의 발을 묶어 놓지도 않았습니다. 그런데도 꿩들이 날아갈 생각을 안 했습니다. 너무 이상해서 "어떻게 이럴 수 있나요?"하고 물었습니다. 그랬더니 그분이 이렇게 말했습니다.

"잘 보세요. 모자가 보일 겁니다. 꿩은 눈에 보이는 만큼만 반응합니다. 하늘이 보이지 않으면 날 생각을 하지 않습니다. 그래서 하늘을 못 보게 캡이 달린 모자를 씌웠습니다. 그러면 그물망을 씌울 필요도 없고, 다리를 묶을 필요도 없습니다. 절대로 날아갈 생각을 하지 않으니까요."

이 말을 듣고 그는 충격을 받았습니다. 정말 꿩들은 저마다 작은 모자를 쓰고 있었습니다. 갑자기 눈물이 핑 돌았습니다. 가슴이 아팠습니다. 꿩의 처지가 마치 자기 모습과 같다는 생각이 들었습니다.

'내가 꿩을 닮았구나. 하늘을 향해 날아오를 날개를 하나님이 주셨는데, 저 하늘에는 하나님의 영광이 가득한데 하나님 나라를 바라보지 못하고 땅의 일에 묶여서 살았구나. 무얼 위해 사는지, 내 미래는 어떻게 되는지 생각하지 않았다. 눈앞에 있는 모이만 정신없이 먹다가 잡혀 죽는 꿩의 모습이 신앙인이라고 하는 내 모습이 아닐까?'

나를 보면 낙심할 수밖에

이사야서 40장은 이사야 선지자가 이스라엘 백성들에게 한 예언입니다. "너희가 지금은 포로의 처지이지만 곧 해방되어 고국으로 돌아갈 것이다" 하는 소망의 약속입니다. 이런 예언을 들었다면 어떻게 반응해야 할까요? "와! 기쁘다!" 하고 환호성을 질러야지요. 그런데 이스라엘 백성들은 전혀 달랐습니다.

> "야곱아 어찌하여 네가 말하며 이스라엘아 네가 이르기를 내 길은 여호와께
> 숨겨졌으며 내 송사는 내 하나님에게서 벗어난다 하느냐"(27절)

이스라엘 백성이 "내 길은 여호와께 숨겨졌"다고 말했습니다. 이 말은 곧 그들이 하나님께 "당신은 내 삶의 현실을 전혀 모르십니다!"라고 했다는 뜻입니다. 또 그들이 "내 송사는 내 하나님에게서 벗어난다" 했습니다. "내가 아무리 호소하고 탄원하고 통곡해도 하나님은 들은 척도 안하셨다"는 말입니다. 그러니까 지금 이스라엘 백성들은 예언의 말씀을 듣고도 "하나님은 내 고통과 눈물을 몰라주시고 내 기도에도 응답하지 않으시는 분인데, 우리가 어떻게 이 힘든 노예 생활에서 벗어날 수 있는가? 그런 꿈 같은 소리 하지 마라!" 하고 있는 것입니다.

이스라엘 백성들의 반응을 보면서 하나님은 너무나 안타까우셨습니다. 그래서 하시는 말씀이 27절 앞부분입니다. 여기서 야곱은 자연인을 부르는 이름이고, 이스라엘은 그 사람의 영적인 이름입니다. 그러니까 이 말씀을 나에게 적용해 보면, 하나님이 "명환아, 네가 어떻게 그런 말

을 할 수 있느냐? 황 목사야, 너는 어떻게 내가 네 사정을 모른다고 말할 수 있느냐?"라고 하시는 것과 같습니다.

하나님은 답답하셨습니다. 그래서 자신이 누구인가를 이스라엘 백성들에게 설명하십니다.

> "너는 알지 못하였느냐 듣지 못하였느냐 영원하신 하나님 여호와, 땅 끝까지 창조하신 이는 피곤하지 않으시며 곤비하지 않으시며 명철이 한이 없으시며"(28절)

너는 너희 부모로부터, 조상들로부터 들은 것이 없느냐고 말씀하십니다. 이스라엘 백성들이 입버릇처럼 하는 말이 있습니다. 자기들이 애굽의 노예였을 때 하나님이 편 팔과 강한 손으로 건져 주셨고, 광야 40년을 동행해 주셨다는 말입니다. 자기들 힘으로는 절대로 들어갈 수 없을 가나안을 정복하게 하시고, 거기에서 찬란한 국가 이스라엘을 형성하고 번성하게 해 주셨다는 말입니다. 이스라엘 백성들은 이 같은 사실들을 자자손손 수없이 이야기하고 들려주었습니다. 그런데 그걸 다 잊었느냐고 물으시는 것입니다.

그러면서 하나님의 영원함을 말씀합니다. 과거 이스라엘을 도우신 하나님이 오늘도 하나님이시라는 말입니다. 과거에만 그들을 돌보고 사랑하신 분이 아니라 앞으로도 영원히 그렇게 하실 것이라는 뜻입니다. 그리고 창조의 하나님을 말씀합니다. 창조란 없는 데에서 새로운 것을 만드는 것입니다. 하나님은 예루살렘만 창조하신 분이 아니라 온 세상을 창조하신 분입니다. 지금 자신들이 포로로 잡혀와 있는 바벨론, 이 비참한 현장도 하나님이 창조하셨고, 이 땅 끝에도 하나님이 계시다는 말입니다.

또 하나님은 피곤치도, 곤비치도 않으시고 명철이 한이 없으십니다. 곤비하다는 말은 힘을 다 써서 남아 있지 않은 상태를 말합니다. 그러나 하나님은 곤비하지 않으십니다. 힘이 충분하십니다. 곤경에 처한 당신의 백성을 구하시는 일에 피곤해하지 않으시는 분입니다. 하나님은 전지전능하십니다. 그래서 피곤한 자에게 능력을 주고 무능한 자에게 힘을 더하실 수 있습니다. 하나님은 누구라도, 어떤 환경에 처했더라도 도우실 수 있습니다. 때문에 "왜 낙심하느냐?" "왜 자기 연민에 빠져 있느냐?"고 되물으십니다.

이스라엘 백성은 곧 자유를 얻을 거라는 좋은 소식을 들었습니다. 그런데 지금 낙심에 빠졌습니다. 하나님을 보지 않고 세상을 보았기 때문입니다. 그들이 바라본 세상이 바벨론입니다. 바벨론은 이스라엘을 멸망시키고 그들을 포로로 끌고 와서 노예로 삼은 나라입니다. 이스라엘 사람 눈에 바벨론이 얼마나 강해 보였겠습니까? 얼마나 크고 화려하고 잔인한지 도대체 상대할 수가 없습니다. 그 앞에 서면 기가 죽을 수밖에 없습니다. 그런 세상을 바라보고 있으니 힘을 낼 수가 있었겠습니까? 기가 죽고 또 죽을 수밖에 없습니다.

그리고 이스라엘 백성들은 자기 자신을 바라보았습니다. 스스로를 보며 '나는 누구인가?' 생각합니다. 누구긴 누굽니까? 노예지요. 걸핏하면 채찍에 맞으면서 노동에 찌들어 버린, 기가 다 꺾인 초라한 인간입니다. 보면 볼수록 가진 것도 없고 너무나 초라합니다. 희망이 없습니다. 그러니 곧 해방된다는 말이 들릴 턱이 없습니다. 해방이라는 말을 꺼냈다가는 주인한테 맞아 죽습니다. 자유를 얻을 것이라는 말에 환호할 수가 없습니다. 물론 그들은 하나님을 믿고 있습니다. 그런데 현실이 너무나 힘들다 보니 그 믿음이 다 식었습니다.

낙심하고 쓰러져 있는 이스라엘 백성의 모습이 오늘을 사는 우리의 모습 같지 않습니까? 얼마나 많은 사람이 세상을 바라보면서 좌절하고, 자기 자신을 살펴보면서 낙담하는지 모릅니다. 예수님을 안 믿는 사람은 물론이고, 믿는 사람도 예외가 아닙니다. 신앙이 있는데도 대화를 나눠 보면 자기 연민에 빠져 있고, 세상에 짓눌려 있고, 두려워 떨고 있습니다. "세상은 너무 크고, 나는 너무 초라해"라고 말합니다. 물론 누구나 넘어질 수 있습니다. 낙심할 수 있습니다. 그러나 여기서 끝나면 안 됩니다. 여기서 주저앉지 않으려면 오직 여호와를 앙망해야 합니다.

여호와를 앙망한다는 뜻은

"소년이라도 피곤하며 곤비하며 장정이라도 넘어지며 쓰러지되"(30절)

소년의 때는 일생 중에서 가장 피곤을 모르는 나이입니다. 또한 장정은 일생 중 기력이 가장 왕성한 때라서 쉽게 넘어지거나 쓰러지지 않습니다. 그러나 소년도 피곤할 수 있고, 장정도 넘어질 수 있습니다.

"오직 여호와를 앙망하는 자는 새 힘을 얻으리니 독수리가 날개치며 올라감 같을 것이요 달음박질하여도 곤비하지 아니하겠고 걸어가도 피곤하지 아니하리로다"(31절)

이스라엘 백성들이 다시 일어나려면 어떻게 해야 할까요? 신앙인이 쓰러졌다가 다시 일어날 수 있는 방법이 뭘까요? 오직 하나뿐입니다. 오직 여호와를 앙망하는 것입니다. 지치고 넘어질지라도 오직 여호와 하나님을 앙망하는 자는 새 힘을 얻을 것이라고 합니다. 하나님만이 힘과 소망의 근원이기 때문입니다. 하나님은 창조주이며 전능하신 분이기 때문입니다. 세상의 바람은 강해서 마주 보면 밀리고 쓰러집니다. 그러나 하나님을 앙망하는 사람은 마치 독수리가 창공을 향해 날아오르는 것처럼 힘차게 일어날 수 있습니다. 세상의 거센 바람을 맞더라도 그 바람을 타고 날아오를 수 있습니다. 여호와를 앙망하지 않으면 우리는 절대로 독수리가 될 수 없습니다. 하늘을 날지 못하는 꿩이 되거나 닭장에 갇힌 닭이 되고 마는 것입니다. 우리의 시선을 하나님께로 향하고, 그분을 기대하고 바라보면 새 힘을 얻을 줄로 믿습니다.

그런데 앙망한다는 말이 무슨 뜻일까요? 멍하니 하늘만 쳐다보는 걸까요? 아닙니다. 여호와를 앙망한다는 말은 하나님이 누구신지를 알고, 고백하고, 간절히 바라보고, 기대하고, 기도하는 것을 의미합니다.

올해도 영적으로 기도하기 어려운 해가 될 것입니다. 기도를 한다는 사람들도 모이면 지금처럼 기도하기가 힘든 적이 없었다고, 앞으로 어떻게 기도하며 나가야 할지 모르겠다고 탄식합니다. 많은 성도가 느낄

깨어 기도할 수 없겠느냐

것입니다. 내 기도 생활이 예전보다 메말라 가고 있지 않나요? 영적으로 내 삶이 건조해지고 있지는 않습니까? 지금은 영적인 비상사태입니다. 지구 환경도 비상입니다. 우리나라 안보도, 정치도, 경제도 비상입니다. 삶의 안정성은 갈수록 흔들리고 있습니다. 시간이 지나면 여기저기서 비명이 들릴 것입니다.

이렇게 힘들 때일수록 하나님의 백성들은 기도해야 합니다. 세상 사람들이 비명을 지를 때 우리는 전능하신 하나님께 기도의 큰소리를 내야 합니다. 특히 기도의 스크럼을 짜서 힘을 모아야 합니다. 혼자 기도하다가는 다 지쳐 버립니다. 그런데 모여서 소리 내어 부르짖어 기도할 수가 없는 시대가 되었습니다. 영적으로 어두운 구름이 우리를 내리누르고, 하나님과 우리 사이를 막고 있는 느낌입니다. 지금이 바로 그런 때입니다.

사탄은 성도의 기도를 아주 싫어합니다. 왜냐하면 성도가 기도하면 모든 것이 변하기 때문입니다. 그래서 성도의 영적인 상태를 어둡게 내리누릅니다. 이럴 때일수록 우리는 더욱 기도해야 합니다. 기도에는 능력이 있습니다. 그중 세 가지만 이야기해 보겠습니다.

첫째, 우리는 기도를 통해 고난의 의미를 깨닫게 됩니다. 고난의 의미를 깨닫지 못하면 그 속에서 원망하고 낙심합니다. 사도 바울에게 질병이 있었습니다. 그 질병이 얼마나 힘들었는지, 그는 '사탄의 사자'가 있다고 했습니다. 이것만 없으면 너무 좋겠다 생각했을 것입니다. 사도 바울은 하나님께 특별한 시간을 내서 세 번이나 기도했습니다. 그러나 "내 은혜가 네게 족하도다"(고후 12:9)라는 응답을 받았습니다. 하나님은 질병을 고쳐 주시지 않았습니다. 그 대신 설명을 해 주셨습니다.

"이 질병을 네게 준 이유는 너를 약하게 함으로써 나의 전능한 능력이 너와 함께하게 하려는 것이다. 내가 너를 사랑해서 준 것이다."

사도 바울은 그것을 깨닫고 생각을 바꿉니다. 지금까지는 질병이 없으면 행복할 거라고 생각했는데, 이제는 그것이 자기를 향한 하나님의 사랑임을 알고 감사함으로 받아들이고 그 고난을 자랑했습니다. 기도가 그를 바꿔 놓았습니다. 고난의 의미를 정확하게 이해했기 때문에 가능했습니다.

둘째, 우리는 기도를 통해 고난을 극복할 능력을 공급 받습니다. 기도하지 않으면 쓰러지지만, 기도할 때 하나님은 피할 길을 내시고 고난을 넉넉히 감당할 새 힘을 주십니다.

셋째, 우리가 기도할 때 사탄의 견고한 진이 깨집니다. 그래서 사탄은 성도들이 기도하는 것을 어떻게 해서라도 막으려고 합니다. 우리의 기도가 하늘로 올라가지 못하도록 어두운 구름으로 덮는 것입니다. 그러므로 이럴 때는 흩어져서 기도하는 것이 아니라 함께 모여서 더 뜨겁고 더 강력하게 기도해야 합니다. 기도로 어두운 구름을 뚫어야 합니다. 우리 기도가 하늘 보좌에 올라가도록 수고하고 몸부림쳐야 합니다. 개인적인 기도뿐 아니라 교회의 기도에도 돌파가 일어나야 합니다. 기도를 모아야 합니다. 그래야만 개인과 교회가 기도의 회복과 함께 새로운 신앙의 부흥으로 나아갈 수 있습니다. 안 그러면 다 무기력한 신앙인으로 뿔뿔이 흩어져서 낙심할 수밖에 없습니다.

사실 저는 지금까지 목회를 하면서 특별한 운동을 하지 않았습니다.

깨어 기도할 수 없겠느냐

예를 들면 태신자 초청 잔치 같은 것을 할 때 몇 명을 목표로 세우고, 누가 몇 명 초청했다고 알리고, 경쟁시키고, 상을 주는 일 같은 것을 한 적이 없었습니다. 신앙은 개인적으로 말씀을 깨닫고 하나님께 고백하고 응답받는 것이지, 그런 운동은 신앙의 본질이 아니라고 생각했기 때문입니다. 그러나 지금은 비상사태입니다. 기도의 힘을 모아야 합니다. 그래야만 이 어려운 고비를 영적으로 승리할 수 있습니다.

새롭게 맞이하는 해를 내 인생에서 가장 기도 많이 하는 해로 만들겠다 결심해 봅시다. "올해는 정말 기도 많이 했지" 하는 고백이 있기를 바랍니다. 그렇게 한 해를 보내고 나면 삶에 엄청난 변화가 있을 것입니다. 하나님은 전능하시고 내가 어떠한 형편에 있을지라도 능히 나를 도우실 수 있다는 것을 마음속에 꼭 기억하기를 바랍니다.

삶의 현장을 기도의 장소로

이제는 우리가 있는 장소에서 기도를 시작해야 합니다. 전에는 기도하려면 교회로 오면 되었는데, 이제는 교회에 나와도 기도할 수 없습니다. 모여서 하는 기도에 제한이 생기고 있습니다. 기도할 데가 없습니다. 이제는 내가 있는 곳을 기도의 장소로 만들어야 합니다. 그런데 이것이 쉽습니까? 내 삶의 현장을 기도의 장소로 바꾸는 것은 영적으로 한 단계 도약하는 것이기 때문에 굉장히 힘듭니다. 그러나 그렇게 만들어 내야 합니다. 그렇지 않으면 기도할 자리를 잃어버립니다.

감리교의 창시자인 존 웨슬리(John Wesley)의 어머니 수잔나(Susanna)에게는 자녀가 열일곱 명이 있었습니다. 그 집이 얼마나 시끄럽고 분주했겠습니까? 수잔나는 기도하고 싶은데 장소가 없었습니다. 그래서 고민하다가 결심하고 아이들을 불렀습니다.

"얘들아, 너희가 엄마에게 달려왔을 때, 엄마가 치마를 뒤집어쓰고 있으면 그때는 하나님께 기도하는 시간이니까 절대로 방해해서는 안 된다."

그러고는 열심히 살림을 하다가도 시간이 되면 그 자리에서 치마를 뒤집어썼습니다. 그러면 그 부산하던 아이들도 지금은 엄마가 하나님을 만나는 시간이라는 걸 알고 조용히 했다고 합니다. 자녀가 열일곱 명인 가정이 있습니까? 그게 아니라면 누구든, 어디서든 기도할 수 있습니다. 지금 내가 있는 가정과 일터를 기도의 장소로 바꾸어 가기를 바랍니다. 이것이 내 삶의 현장에서 기도로 돌파하는 것임을 기억하십시오. 아마 자기 집에서 기도 잘되는 사람은 별로 없을 것입니다. 그러나 올해는 그렇게 만들어야 합니다.

마르틴 루터(Martin Luther)가 종교개혁을 할 때였습니다. 그 과정이 얼마나 힘들고 어려웠는지 낙담해서 아무도 만나지 않고 방에만 틀어박혀 있는데, 어느 날 그의 아내 카타리나(Katharina)가 상복을 입고 루터 앞에 나타났습니다. 루터는 깜짝 놀라서 물었습니다.

"아니, 웬 상복이오? 누가 돌아가셨소?"

"그렇습니다."

"누구요, 그분이? 누군데 당신이 상복을 입었습니까?"

"하나님이 돌아가셨습니다."

"뭐요? 어찌 그런 말을 하시오? 하나님이 돌아가시다니!"

그러자 아내는 말했습니다.

"하나님이 살아 계시다면 당신이 왜 낙심합니까? 왜 두려워합니까?"

그 말을 듣고 루터는 정신이 번쩍 들었다고 합니다.

하나님은 살아 계십니다. 그리고 앞으로 큰일을 행하실 겁니다. 그러나 하나님의 약속과 현실의 간격이 매우 큽니다. 그래서 많은 사람이 소망의 약속을 가지고도, 하나님이 나를 통해 하실 일이 많다는 걸 알면서도 낙담합니다. 그런 분들에게 오늘 하나님이 말씀하십니다.

"소년이라도 피곤하며 곤비하며 장정이라도 넘어지며 쓰러지되 오직 여호와를 앙망하는 자는 새 힘을 얻으리니 독수리가 날개치며 올라감 같을 것이요 달음박질하여도 곤비하지 아니하겠고 걸어가도 피곤하지 아니하리로다"

(30-31절)

하나님 아버지.

여호와를 앙망하는 자가 되게 하소서. 현실의 벽에 눌리고 자신의 모습에 갇히지 않게 하소서. 소년이라도 피곤하며 장정이라도 넘어지지만 여호와를 앙망하는 자는 독수리처럼 날아오른다는 것을 기억하고, 우리가 여호와를 앙망하는 인생을 살게 하여 주소서. 세상의 바람에 두려워하거나 쓰러지지 않게 하시고, 나 자신을 바라보며 낙담하지 않게 하소서. 아멘.

† '여호와를 앙망한다'는 의미는 무엇인가요?

_____

_____

† 기도의 세 가지 능력은 무엇인가요?

_____

_____

† 내 삶의 현장을 기도의 장소로 바꾸기 위해서 해야 할 일은 어떤 것
들이 있을까요?

_____

_____

_____

02

우물을 파는 사람

창세기 26:12-22

¹²이삭이 그 땅에서 농사하여 그 해에 백 배나 얻었고 여호와께서 복을 주시므로

¹³그 사람이 창대하고 왕성하여 마침내 거부가 되어

¹⁴양과 소가 떼를 이루고 종이 심히 많으므로 블레셋 사람이 그를 시기하여

¹⁵그 아버지 아브라함 때에 그 아버지의 종들이 판 모든 우물을 막고 흙으로 메웠더라

¹⁶아비멜렉이 이삭에게 이르되 네가 우리보다 크게 강성한즉 우리를 떠나라

¹⁷이삭이 그 곳을 떠나 그랄 골짜기에 장막을 치고 거기 거류하며

¹⁸그 아버지 아브라함 때에 팠던 우물들을 다시 팠으니 이는 아브라함이 죽은 후에 블
레셋 사람이 그 우물들을 메웠음이라 이삭이 그 우물들의 이름을 그의 아버지가 부
르던 이름으로 불렀더라

¹⁹이삭의 종들이 골짜기를 파서 샘 근원을 얻었더니

²⁰그랄 목자들이 이삭의 목자와 다투어 이르되 이 물은 우리의 것이라 하매 이삭이 그
다툼으로 말미암아 그 우물 이름을 에섹이라 하였으며

²¹또 다른 우물을 팠더니 그들이 또 다투므로 그 이름을 싯나라 하였으며

²²이삭이 거기서 옮겨 다른 우물을 팠더니 그들이 다투지 아니하였으므로 그 이름을
르호봇이라 하여 이르되 이제는 여호와께서 우리를 위하여 넓게 하셨으니 이 땅에
서 우리가 번성하리로다 하였더라

깨어 기도할 수 없겠느냐

어떤 남자가 등산을 하다가 뱀에게 물렸습니다. '아이쿠, 큰일 났구나!' 하고 주저앉았는데, 그 순간 자기를 문 뱀이 지나가는 것을 보았습니다. 그 뱀을 보자 그의 마음속에 분노가 끓어올랐습니다. 그래서 돌을 집어 던졌는데, 뱀이 그 돌에 맞고 꿈틀하는 게 보였습니다. 남자는 달려가서 나뭇가지를 꺾어 뱀을 사정없이 후려쳤습니다. 그 뱀이 조그만 바위 밑으로 숨자 그는 바위를 들어 올리고 뱀을 잡아서 아주 짓뭉개 버렸습니다.

그러는 중에 남자의 몸에 독이 퍼지고 말았습니다. 결국 그는 한쪽 다리를 절단해야만 했습니다. 의사가 말했습니다.

"좀 더 빨리 왔더라면 이렇게까지는 안 되었을 텐데. 참 안타깝습니다."

그 말을 들으며 남자는 가슴을 쳤습니다. 자기를 문 뱀을 잡으려다가 자기 몸을 더 해치게 되었기 때문입니다. 뱀에게 물린 것보다 더 무서운 것은 그 뱀에게 반드시 복수하겠다고 하는 마음입니다. 그런데 많은 사람이 이런 마음을 가지고 살아갑니다.

승리의 세 가지 요소

성경에는 싸우는 이야기가 참 많습니다. 국가 간 전쟁, 나라 내부의 분쟁, 심지어는 개인의 사소한 다툼까지 그 내용도 다양합니다. 이런 싸움은 비단 성경 안에만 있는 이야기가 아닙니다. 살다 보면 우리는 다양한 다툼에 휘말리곤 합니다. 이런 싸움에서 우리는 어떻게 이길 수 있을까요? 또한 참다운 승리란 무엇일까요? 성경이 말하는 승리의 세 가지 요소가 있습니다.

첫째, 적을 증오하지 않는 것입니다. 증오란 언제나 자기 파괴적이고 가장 비효율적입니다. 이미 사건은 발생했습니다. 그 일도 감당하기 어려운데, 증오까지 하려면 엄청난 에너지가 소모됩니다. 그러므로 증오에 사로잡히지 않아야 합니다.

둘째, 내 진실을 잃지 않는 것입니다. 상대방의 공격이나 비방이 있을 때, 사람들은 자기 진실을 포기하고 싶은 충동을 느낍니다. '네가 속임수를 쓰는데, 나라고 못 할 줄 알아?' 이런 마음이 생깁니다. '남들이 알아주지도 않는데 뭐 하러? 그럴 필요 없지' 하는 것입니다. 그러나 이것은 지는 것입니다. 남들이 어떻든지, 환경이 어떻든지 진실을 지켜야 합니다.

셋째, 싸우지 않고 이기는 것입니다. 다른 말로는 적들이 화평을 원하게 만드는 것입니다. 성경은 원수와 화목하게 되는 것이 최고의 승리라고 말합니다. 맞습니다. 전쟁이 필요할 때도 있지만, 전쟁보다 중요한 것은 외교입니다. 싸우지 않고 문제를 해결할 수 있기 때문입니다. 그러나 외교보다 더 중요한 것은 하나님의 은총을 힘입는 것입니다. 성경은 우리가 하나님의 은총을 입을 때 적들과 화평하게 된다고 말씀합니다. 인생을 살아가면서 하나님의 은총을 입기를 바랍니다. 갈등과 싸움이 있을 때마다 참된 승리의 공식을 기억하면 도움이 될 것입니다.

이삭을 연구할 때 가장 중요한 본문이 창세기 26장입니다. 이 사건 속에 이삭의 신앙과 인격, 기질, 생활 방식 등이 다 나타나기 때문입니다. 이삭은 축복의 계승자라고 하지요. 그가 엄청난 복을 받은 이유가 무엇일까요? 하나는 모리아산에서 아버지 아브라함이 그를 제물로 바치려고 했을 때 하나님 뜻에 자기를 맡기고 순종했던 것입니다. 다른 하나가 창세기 26장에 나타납니다.

"이삭이 그 땅에서 농사하여 그 해에 백 배나 얻었고 여호와께서 복을 주시므로 그 사람이 창대하고 왕성하여 마침내 거부가 되어 양과 소가 떼를 이루고 종이 심히 많으므로 블레셋 사람이 그를 시기하여 그 아버지 아브라함 때에 그 아버지의 종들이 판 모든 우물을 막고 흙으로 메웠더라"(12-15절)

이삭이 블레셋 땅 그랄에서 농사를 지었는데, 백 배의 소출이 있었습니다. 흉년이라 다들 어려운데 이삭은 엄청난 복을 받았습니다. 그러자 원주민인 블레셋 사람들이 시기했습니다. 아브라함 때 팠던 우물을 막고 흙으로 메웠습니다. 우물을 메운다는 것은 두 가지 의미가 있습니다. 첫째는 전쟁 선포입니다. 둘째는 떠나라는 최후통첩입니다. 빨리 떠나지 않으면 너와 전쟁을 하겠다는 말입니다.

"아비멜렉이 이삭에게 이르되 네가 우리보다 크게 강성한즉 우리를 떠나라"(16절)

마침내 블레셋 왕 아비멜렉이 이삭에게 왔습니다. 그러더니 네가 우리보다 강하면 안 되니 떠나라고 했습니다. 이렇게 황당한 일이 어디 있습니까? 팔레스타인의 우물은 우리가 생각하는 우물과는 다릅니다. 아주 깊이 파야만 물의 근원을 만날 수 있습니다. 땅을 깊이 파려면 엄청난 노동력이 필요합니다. 그다음에는 무너지지 않게 잘 쌓는 공사를 해야 합니다. 엄청난 시간과 돈이 필요합니다. 힘이 없으면 손도 댈 수 없습니다. 따라서 우물은 큰 재력과 권력을 의미합니다. 또 그곳의 물을 먹는 사람들이 우물 판 사람을 기억해 주기 때문에 명예도 얻을 수 있습니다. 반대로 그 우물을 빼앗기면 생존권을 완전히 박탈당합니다. 그런데 지금 블레셋과 아비멜렉은 막무가내로 이삭의 우물을 빼앗고 나가라고 하고 있습니다. 그의 노력과 재산을 갈취하고 생존권을 박탈하고 있습니다.

이런 일을 당한다면 어떻게 하겠습니까? "그걸 말이라고 합니까? 따져야지요! 맞서야지요!"라고 답하겠습니까? 그러나 따져서, 맞서서 해결할 수 없는 문제도 있습니다. 말이 통해야 맞서고 따지지요. 지금 그들은 억지를 부리고 생떼를 쓰고 있습니다. 그런 사람들과 맞서 싸워 봐야 그들 좋은 일밖에 안 됩니다. 옳다구나 하고 구실을 만들어 더 세게 공격해 올 겁니다. 그렇다고 블레셋을 전멸시킬 겁니까? 싸운다고 될 일이 아닙니다. 그래서 이삭은 깨끗하게 포기하고 떠나기로 결심합니다.

"이삭이 그곳을 떠나 그랄 골짜기에 장막을 치고 거기 거류하며 그 아버지 아브라함 때에 팠던 우물들을 다시 팠으니 이는 아브라함이 죽은 후에 블레셋 사람이 그 우물들을 메웠음이라 이삭이 그 우물들의 이름을 그의 아버지가 부르던 이름으로 불렀더라"(17-18절)

깨어 기도할 수 없겠느냐

그러나 물은 마셔야지요. 그래서 이삭은 다시 우물을 팠습니다.

> "그랄 목자들이 이삭의 목자와 다투어 이르되 이 물은 우리의 것이라 하매 이
> 삭이 그 다툼으로 말미암아 그 우물 이름을 에섹이라 하였으며 또 다른 우물을
> 팠더니 그들이 또 다투므로 그 이름을 싯나라 하였으며"(20-21절)

그런데 이번에도 말썽이 생겼습니다. 그랄 목자들이 와서 우물을 빼
앗았습니다. "여기는 우리 땅이다! 그러니 이 우물은 우리 것이다!" 하
며 억지를 부리는 것입니다. 이삭은 또 다른 곳으로 가서 우물을 팠습
니다. 그런데 블레셋 사람들이 거기까지 따라왔습니다. 얼마나 싸웠는
지 우물 이름을 '싯나'라고 지었습니다. 싯나는 '대적, 증오'라는 말입
니다. 우물 이름이 점점 원색적으로 변해 갑니다. 달려드는 블레셋 사
람들의 모습이 점점 더 포악해졌다는 말입니다. "저 사람이 우물을 파
게 놔두나 봐라, 어림없다!" 하는 태도로 이삭을 대했던 것입니다. 이삭
은 또 떠납니다.

> "이삭이 거기서 옮겨 다른 우물을 팠더니 그들이 다투지 아니하였으므로 그
> 이름을 르호봇이라 하여 이르되 이제는 여호와께서 우리를 위하여 넓게 하셨
> 으니 이 땅에서 우리가 번성하리로다 하였더라"(22절)

다른 곳으로 가서 우물을 또 팠는데 엄청난 물 근원을 발견합니다.
생수가 터졌습니다. 그래서 그곳 이름을 '르호봇'이라고 했습니다. 르호

봇은 '넓다, 충분하다'는 뜻입니다.

어떻습니까? 이삭은 그 힘든 일, 우물을 파는 일을 거듭 했습니다. 그때마다 대적이 쳐들어왔습니다. 그러면 이삭은 또 아무 말 없이 우물을 주고 떠났습니다. 그리고 또 우물을 파고, 빼앗으면 주고, 또 떠나 우물을 팠습니다. 오죽하면 이삭 별명이 '우물을 파는 사람'일까요. 이삭은 왜 그랬을까요? 왜 우물을 파 놓고 한 번도 소유권을 주장하지 않고 그냥 떠났을까요? 여기서 우리가 알아야 할 것이 있습니다. 이삭이라고 억울하고 분하지 않았겠습니까? 그들이 떠나라니까 아무 말 못 하고 쫓겨간 것일까요? 아닙니다. 이삭은 기도하는 사람입니다. 그는 매 순간 기도했을 것입니다. 언제나 간절히 기도하고 열심히 우물을 팠습니다. 광야에서 물 근원을 찾는 일은 사막에서 바늘을 찾는 것과 같습니다. 그런데도 이삭이 파는 곳마다 샘물이 터졌습니다. 이것은 우연이 아닙니다. 기적입니다. 그는 그 많은 식솔을 데리고 움직여야 할 때마다 기도했습니다. 어디로 가야 할지 하나님께 구했고 인도를 받았습니다. 기도하고 우물을 파고, 기도하고 떠나는 과정을 반복했습니다. 그렇게 하다가 마침내 큰물의 근원을 찾았습니다.

르호봇이 터진 후에 이삭이 얼마나 감격했는지, "그곳에 제단을 쌓고, 여호와의 이름을 부르며 거기 장막을 쳤"다고 합니다(25절). 지나온 과정이 얼마나 힘들고 고됐겠습니까? 하나님은 말씀하십니다.

"그 밤에 여호와께서 그에게 나타나 이르시되 나는 네 아버지 아브라함의 하나님이니 두려워하지 말라 내 종 아브라함을 위하여 내가 너와 함께 있어 네

깨어 기도할 수 없겠느냐

게 복을 주어 네 자손이 번성하게 하리라 하신지라"(24절)

하나님은 이삭을 위로하십니다. 블레셋 사람과 싸우지 않고 하나님만 바라보며 우물을 판 것이 잘한 일이었다고 그를 칭찬하십니다.

우리는 에너지를 어디에 사용하고 있습니까? 싸우고 고민하고 염려하고 분노하고 대책을 세우는 데 다 써 버리고 있지는 않습니까? 그러나 이삭은 모든 에너지를 하나님을 갈망하고 기도하며 우물 파는 일에 쏟았습니다. 이것을 하나님이 기뻐하셨습니다.

영적인 우물 파기

하나님의 음성을 듣고 이삭은 지금 자기가 어디에 있는지 깨달았습니다. 어느새 브엘세바까지 왔습니다. 여기로 오려 했던 것이 아닙니다. 밀려서 가다 보니 여기까지 왔습니다. 이런 일이 없었다면 오지 못했을 것입니다. 하나님이 적들의 악함을 사용하여 이삭이 평생 살아야 할 그곳으로 인도하셨습니다. 이삭은 남은 인생을 그곳에서 살게 됩니다.

그런데 더 놀라운 일이 생겼습니다.

"그들이 이르되 여호와께서 너와 함께 계심을 우리가 분명히 보았으므로 우리의 사이 곧 우리와 너 사이에 맹세하여 너와 계약을 맺으리라 말하였노라"(28절)

아비멜렉이 이삭을 찾아왔습니다. 이번에는 우물을 빼앗으려고 온 것이 아닙니다. 평화협정을 맺자고 온 것입니다. 아비멜렉은 이삭을 보며 '아, 하나님이 저 사람과 함께하시는구나, 가는 곳마다 물을 발견하고 파는 곳마다 물이 나오는구나, 저 사람은 보통 사람이 아니구나!' 하고 생각했습니다. 그러자 그의 마음에 두려움이 생겼습니다. 이삭과 잘 지내기로 마음먹었습니다. 성경 말씀 그대로입니다. 하나님의 은총을 입자 원수가 찾아와서 화목을 요청합니다. 그래서 이삭은 아비멜렉과 상호 불가침 조약을 맺습니다. 싸우지 않고 내어 주는 일이 아주 어리석은 방법 같았는데, 가장 무능해 보였는데, 하나님만 바라보며 기도하고 나갔더니 가장 큰 승리를 주셨습니다.

마틴 로이드 존스(Martyn Lloyd Jones)는 이 이야기를 통해 아주 중요한 결론에 도달합니다.

"이삭은 무능해 보이지만 사실은 무척 영적인 사람이었다. 어릴 때는 하나님께 자신을 제물로 드렸고, 젊어서는 결혼을 위해 기도했고, 장년이 되어서는 외적으로 싸우지 않고 내가 할 수 있는 일(하나님을 바라보며 깊이 우물을 파는 일)을 계속했다. 근본으로 돌아가서 '이 길만이 살 길이다' 생각하고 생수의 근원을 찾아서 몸부림친 사람이다. 이 시대의 교회와 성도들이 해야 할 일이 뭔가? 자기주장을 내세우며 싸우는 일인가? 아니다. 생수의 근원이신 하나님을 향해 나가는 일이다. 이것이 본질적으로 가장 중요한 일이다."

그는 여기에서 영적 부흥의 원리를 찾아냈습니다. 요즘 교회와 성도들을 보세요. 하나님과의 관계는 소홀해지고, 은혜의 샘물은 막혀서 영적으로 너무나 피폐하고 초라해졌습니다. 목마른 상태입니다. 또한 이

깨어 기도할 수 없겠느냐

삭이 블레셋 사람들에게 일방적으로 당하듯이 교회와 성도가 세상 사람들에게 일방적으로 매도당하고 있습니다. 이럴 때 우리가 해야 할 일은 무엇일까요? 제도의 개혁이나 시스템의 변화가 아닙니다. 우리 세력을 강화하고 발언권을 높이고 싸우는 것이 아닙니다. 가장 소중한 것은 근본으로 돌아가는 것입니다. 생수의 근원이신 하나님께로 방향을 전환하는 것입니다. 참으로 문제 해결의 원천이신 하나님을 붙잡고 늘어져야 합니다. 그래서 막혔던 우물이 다시 터지고 생수를 만나야만 하는 것입니다. 이것이 부흥의 비결입니다.

부흥의 비결은 이를 악물고 싸우는 것이 아니라 하나님을 바라보며 믿음의 선배들이 팠던 우물을 다시 파는 것입니다. 생수의 근원이신 하나님을 바라보며, 기도하며 나가는 것입니다. 그래서 우리 영혼에 생수가 터지도록 하는 것입니다. 그것이야말로 우리 영혼이 사는 길이고 진정한 부흥의 비결이라는 것을 마음에 새기길 바랍니다.

라틴어 '아드 폰테스(Ad Fontes)'는 '근원으로 돌아가자'라는 뜻으로, 르네상스 인문주의자들과 종교개혁자들이 표어로 삼았던 말입니다. 이 말은 라틴어 성경에 등장하는데, 시편 42편 1절에서 목마른 사슴이 시냇물을 찾는다는 구절에서 쓰였습니다. 믿음의 선배들은 바로 여기에서 영적인 부흥의 원리를 찾았습니다. 생수의 근원이신 하나님께 돌아가는 것, 이것이 부흥의 비결입니다.

이삭의 입장이 되어 봅시다. 그의 기도를 복원해 봅시다. 과연 그는 억울하고 황당한 그 순간에 어떻게 기도했을까요? 이런 기도가 아니었을까요?

"하나님, 내게 물을 주소서. 나와 내 가족이 마실 수 있는 샘물을 주소서. 주님이 물을 주시지 않으면 이 광야에서 우리는 목말라 죽습니다. 우리에게는 우물이 필요한데 대적들이 날마다 빼앗으니 어찌합니까? 오, 하나님! 생수를 주소서. 생명의 물을 마시게 하소서."

눈물이 흘렀겠지요? 이때의 눈물은 은혜의 마중물입니다. 생수가 터져 나오려면 먼저 내 눈에서 눈물이 흘러야 합니다. 이삭이 드린 기도를 떠올리며 기도하는데 저도 눈물이 흘렀습니다. 그러면서 깨달았습니다. 이게 바로 내가 해야 할 기도구나! 목마른 영혼들이 하나님께 드려야 할 기도로구나!

지금은 어려운 시대입니다. 특히 최근 몇 년간은 영적으로나 육적으로나 힘든 시간이었습니다. 이런 상황에서 우리가 살 길은 무엇일까요? 목마름을 해결하는 길은 무엇일까요? 우물을 파는 것입니다. 땀을 흘리며 땅을 파고, 돌을 빼내고, 우물을 파는 수고를 해야 합니다. 그러면서 이삭의 기도를 해야 합니다.

"생수를 주소서. 은혜의 샘물이 터지게 하소서. 하나님과 우리 사이에 막힌 샘물이 터지게 하소서. 나와 우리 가정과 교회와 우리나라가 소생하게 해 주소서. 주님이 주시는 생수로 충만하게 하소서."

이럴 때 영적인 르호봇이 터집니다.

깨어 기도할 수 없겠느냐

하나님 아버지!

분쟁과 다툼, 갈등이 많은 세상에서 참된 승리가 무엇인지 알고, 그 승리를 누리게 하소서. 갈등이 있을 때 인간적인 수단에 호소하거나 분노에 사로잡히지 않게 하시고, 생수의 근원이신 주님께 나와 기도하며 그 약속과 은혜를 붙들게 하소서. 우리 모두 목이 마르니 은혜의 샘물, 르호봇을 터뜨리사 우리 영혼에 생수가 넘쳐흐르게 해 주소서. 영적인 우물을 파는 사람이 되게 하소서. 생수의 근원이신 하나님께 나아가 르호봇의 축복을 경험하게 하소서. 아멘.

† 성경에서 말하는 승리의 세 가지 요소는 무엇인가요?

_____

_____

† 이삭은 축복의 계승자였습니다. 그가 엄청난 복을 받은 두 가지 이 유는 무엇인가요?

_____

_____

† 분쟁의 순간 우리가 무엇을 해야 할까요? 기도하며 하나님께 순종했 을 때, 승리를 경험하게 해 주신 경험이 있다면 나눠 봅시다.

_____

_____

03

깨어
기도하는 사람

✦

에베소서 6:18

모든 기도와 간구를 하되 항상 성령 안에서 기도하고 이를 위하여 깨어 구하기를 항상

힘쓰며 여러 성도를 위하여 구하라

깨어 기도할 수 없겠느냐

미국의 의사이며 작가인 리처드 스웬슨(Richard Swenson)은 "자동차에 여러 개의 기어가 반드시 필요하듯 인생을 살아가는 데도 안전 운행을 위하여 여러 개의 기어가 필요하다"고 말했습니다. 고속 기어는 빨리 달리게 해 줍니다. 우리 인생에도 급한 일, 빨리 처리해야 할 일이 있습니다. 또한 정상 속도로 달리기 위한 기어도 있습니다. 이것은 평상시 우리가 살아가는 방식과 일치합니다. 또한 천천히 달리게 하는 저속기어도 있습니다. 이것은 다른 사람들과 관계를 맺을 때 필요합니다.

멈춰 서게 하는 주차 기어도 있습니다. 이것은 행동을 멈추고 자기 영혼을 하나님 앞에서 점검할 때 사용됩니다. 만약 우리 인생에 이 주차 기어를 사용하지 않고 '좀 더 빨리 달려야 한다, 목표를 이룰 때까지 멈춰선 안 된다'는 마음으로 살아간다면 삶에 과부하가 일어납니다. 하나님과 타인을 향한 헌신을 방해하며, 자기 자신도 피폐하게 만듭니다. 그러므로 아무리 할 일이 많고 갈 길이 급해도 때로는 멈추어 서서 하나님 앞에 나와야 합니다. 급한 마음을 내려놓아야 합니다. 여유를 갖고 이웃을 돌아보아야 합니다. 하나님과의 만남도, 이웃과의 사귐도 없이 사는 사람은 실패한 인생을 살 수밖에 없습니다.

본문은 어떻게 하면 방향성 있는 인생을 살아갈 수 있는지, 인생의 무게와 불안을 넘어 평안을 유지하며 자기를 찾을 수 있는지 말해 줍니다. 하나님께 붙잡힌 인생을 위해 우리에게 꼭 필요한 것은 무엇인지 가르칩니다. 그것은 기도입니다.

깨어 기도하라는 말은 무슨 뜻일까요? 만약 자녀가 이렇게 질문한다면 뭐라고 대답해 주겠습니까? 여기에 대해 우리 믿음의 선배들은 어떻게 해석했는지 살펴보는 것이 좋겠습니다. 기도하는 데 중요한 지침이 되어 줄 것이니 마음에 잘 새기고 실천하면 많은 도움이 될 것입니다.

기도하기 전에 깨어 있으라

우리는 먼저 기도하기 전에 깨어 있어야 합니다. 세 가지로 나누어 설명할 수 있습니다.

첫째, 기도는 모든 것, 어떤 일보다 앞서야 합니다. 이것은 중요한 원리입니다. "모든 사역의 시작은 기도다"라는 말이 있습니다. 사도 바울이 사역을 통해 얻은 결론입니다. 그는 어디를 가든 먼저 기도했고, 동역자들에게 기도를 부탁했습니다. 우리도 그처럼 해야 합니다. 예를 들면 회의를 시작합니다. 무엇을 먼저 해야 할까요? 기도입니다. 다 같이 하면 좋지만, 상황이 여의치 않으면 혼자 속으로라도 기도해야 합니다. "모여서 회의를 하려고 합니다, 지혜를 모으고 좋은 결론에 이르게 하소서, 내 역할을 잘 감당하게 하소서" 하고 기도해야 합니다.

공부할 때도 먼저 기도해야 합니다. 잡념을 없애고 집중할 수 있도록, 잘 이해하고 기억할 수 있도록, 아는 지식을 잘 활용할 수 있도록 해 달라고 기도해야 합니다. 기도하고 공부한 것과 그렇지 않은 것은 차이는 큽니다. 결코 같을 수가 없습니다. 성령의 도움을 받기 때문입니다. 목사가 설교할 때도 기도부터 해야 합니다. "하나님의 종이 백성들에게 말씀을 전하려고 하니 어떤 말씀을 전해야 할지 알게 하소서, 그 말씀을 제가 잘 이해하고 전하도록 하소서, 하나님의 백성들이 잘 듣고 열매를 맺게 하소서"하고 기도해야 합니다.

교회에서 봉사할 때도 함께 모여 기도부터 해야 합니다. 주차 봉사합니까? 쉽지 않습니다. 어려워요. 그러니 아침에 모이면 함께 모여 기도부터 해야 합니다. "봉사하며 상처받지 않게 하소서, 나를 드러내지 않게 하소서, 하나님이 주시는 힘으로 감당하게 하소서"하고 기도하세요. 식당 봉사합니까? 메뉴를 정하는 것에서부터 기도로 결정하세요. 안내 봉사합니까? 더 반갑게, 더 친절하게 안내할 수 있도록, 그래서 성도가 우리 표정과 말에서 주님의 사랑을 느끼게 해 달라고 기도하세요. 모든 부서, 모든 모임, 모든 사역을 기도로 시작해야 합니다. 이것이 습관이 되면 경건해집니다. 영적으로 깨어 있게 됩니다. 하나님이 받으실 만한 봉사가 되는 것입니다. 반대로 기도를 소홀히 하고 미루다 보면 빼먹고 맙니다. 이것은 깨어 있는 것이 아닙니다. 다른 것들도 다 중요하지만 기도가 맨 먼저 와야 한다는 것을 꼭 기억하기를 바랍니다. 그럴 때 우리의 삶은 하나님의 인도를 받게 됩니다.

둘째, 자기 기도의 양을 정해야 합니다. 오해하지 마세요. 기도를 많이 하거나 오래 하는 것이 꼭 믿음이 좋은 것은 아닙니다. 사람마다 은사가 다르기 때문이에요. 기도를 더 많이 해야 할 사람이 있고, 그렇지 않은 사람도 있습니다. 그러나 모든 그리스도인은 하나님 앞에서 해야 할 최소한의 의무가 있습니다. 바로 15분간의 기도입니다. 그러니까 모든 그리스도인은 하루에 15분은 기도해야 합니다.

물론 기도 생활이 하루아침에 변할 수는 없습니다. 기도를 전혀 하지 않는 분이라면 하루에 15분 기도하는 것에 도전해야 합니다. 만약 매일

15분 정도 기도하고 있다면 30분 기도를 목표로 정해 보세요. 30분 기도하는 성도는 한 시간을, 한 시간 기도하는 성도는 한 시간 30분을 목표로 정해 보세요. 나는 매일 얼마나 기도하고 있는지 생각해 보고, 자기 기도의 양을 정해 보기 바랍니다. 마르틴 루터는 하루 세 시간씩 평생 기도했다고 합니다.

셋째, 구별된 기도 시간을 정해야 합니다. 아침도 좋고, 저녁도 좋습니다. 새벽예배를 드린 다음 한 시간을 기도한다든가, 자기 전, 침대에 들기 전 기도한다든가 하는 식입니다. 각자 나름대로의 생활 패턴에 맞춰 보세요. 문제는 그 시간이 정해져 있어야 한다는 것입니다. 하루 중 기도 시간을 정하는 일이 아주 중요합니다.

오래 전 미국대사관에 비자를 받으러 갔을 때 일입니다. 인터뷰를 하는데, 담당 직원이 제 서류를 보더니 직업을 간파하고 이렇게 물었습니다.

"하루에 얼마나 기도하시나요?"

저는 언제, 얼마나 기도하는지 곧바로 대답했습니다. 그랬더니 그가 말했습니다.

"무례한 질문에 친절하게 대답해 주셔서 감사합니다. 목사님, 미국 잘 다녀오세요."

그것으로 끝이었습니다. 속으로 '별 인터뷰도 다 있다' 하고 웃었습니다. 때로는 부득이 못 지킬 수도 있습니다. 그러나 누가 묻든 '내 기도 시간은 언제입니다'라고 답할 수 있어야 합니다. '남아프리카의 성자'라고 불리우는 위대한 영성가, 앤드류 머레이(Andrew Murray)는 "일정한

시간에 하지 않는 기도는 기도하지 않는 것이다"라고 말했습니다. 극단
적이기는 하지만, 기도 시간이 정해져 있지 않으면 기도하기 어렵습니
다. 그러므로 하루 중 언제가 내 기도 시간이라고 말뚝을 콱 박아 놓아
야 합니다. 이것이 기도에 깨어 있는 것입니다.

기도하는 중에 깨어 있으라

기도해 보면 느끼는 것이 있습니다. 방해가 많다는 것입니다. 기도
에 전념하지 못하도록 아이가 울고, 안 오던 전화가 걸려 옵니다. 그뿐
만이 아닙니다. 눈을 감으면 가스 불은 껐는지, 현관은 잠갔는지 걱정
이 되고, 어제 하던 고민, 그제 하던 고민이 마구잡이로 떠오릅니다. 잃
어버렸던 약속이 생각나기도 합니다. 제가 아는 분은 기도만 하면 몸이
가렵답니다. 어떻게 하면 되느냐기에 일단 가려운 곳을 살피고, 이유가
있으면 치료받고 없으면 기도를 방해하는 것이니 "기도를 방해하는 것
들은 물러가라!" 하고 대적기도를 하라고 했습니다.

우리는 기도할 때 수시로 닥치는 산만한 생각을 물리쳐야 합니다. 쓸
데없는 생각을 몰아내야 합니다. 기도하는 중에 깨어 있어야 합니다.
그래야 집중해서 기도할 수 있습니다. 그러려면 어떻게 해야 할까요?

첫째, 주제를 정해야 합니다. 무엇을 기도할지 정하는 것입니다. 중
언부언하는 것을 막기 위해섭니다. 예를 들어 '입시를 앞둔 아들이 지
치지 않고 좋은 성적 내게 해 달라고 기도하겠다' 또는 '나라의 안녕을
위해 기도하겠다' '내 사업에 관한 결정을 내리기 전에 지혜를 구하는

기도를 하겠다' 하고 정할 수 있습니다.

어떤 성도는 기도를 처음 시작하는데 무엇부터 기도해야 하느냐고 묻습니다. 이런 분들이 처음부터 나라를 위한 기도를 하기는 힘듭니다. 먼저는 자기에게 절실한 것부터 하나님 앞에 올려 드리면 됩니다. 점점 눈이 열리고 기도에 깨어 있게 되면 다른 사람을 위한 기도도 하게 됩니다.

둘째, 가능한 그 주제를 벗어나지 않게 기도해야 합니다. 물론 기도하다 보면 다른 기도가 생각이 나서 할 수도 있습니다. 그러나 주제를 놓치지 않으려고 집중하는 것도 좋은 방법입니다. 그래서 기도를 마쳤을 때, 어떤 기도를 했는지 기억할 수 있어야 합니다. 말은 많이 했지만 자기도 무슨 말을 했는지 모르는 경우가 많습니다. 이런 기도가 되지 않도록 노력해야 합니다.

셋째, 소리를 내서 기도해야 합니다. 생각에도 흐름이 있기 때문입니다. 물이 흐르려면 수로를 내주어야 합니다. 생각의 수로가 소리입니다. 묵상기도는 생각보다 어렵습니다. 아직 기도 훈련이 되지 않았다면 되도록 소리를 내서, 또박또박 분명한 목소리로 기도해야 합니다. 너무 빨리 말하려고 하지 마세요. 한 문장에 하나님이라는 말을 열 번이나 할 필요가 뭐 있습니까? 천천히 또박또박 이성이 동의하는 기도를 하세요. 처음에는 아주 어색하지만, 이렇게 하다 보면 기도의 용어도 풍성해지고 아주 자연스러워집니다.

깨어 기도할 수 없겠느냐

기도한 후에 깨어 있다는 것은 무엇입니까?

첫째, 기도를 지속하는 것입니다. 어쩌다 한 번 하고 마는 기도가 아니라, 그 시간을 계속해서 꾸준히 유지하는 것입니다.

둘째, 기도의 내용을 실천하는 것입니다. 말로만 기도하고 끝내는 것이 아니라 기도한 내용을 실천하기 위한 방법을 찾아야 합니다. 공부를 잘하게 해 달라고 기도하면서 책은 펴 보지도 않는다면 잘못입니다.

셋째, 기도 후에 발생하는 변화를 관찰하는 것입니다. 그 변화에 내가 어떻게 반응해야 할지 생각해야 합니다. 하나님은 이미 응답을 주셨는데 계속 같은 기도를 해서는 안 되겠지요. 내가 한 기도에 관심을 갖고 깨어 있으면 하나님의 일하심을 민감하게 볼 수 있습니다. 선지자 엘리야는 비를 기다리며 기도하면서 사환에게 하늘을 보고 오라고 말합니다. 비구름이 오고 있는지 확인한 것입니다. 하늘에 아무 것도 없다고 보고하는 사환에게 엘리야는 "일곱 번까지 다시 가라"고 합니다 (왕상 18:43-44). 하늘의 변화에 따라 엘리야도 기도의 전략을 다시 세웠던 것입니다.

기도하는 사람을 잘 살펴보면 두 부류로 나뉩니다. 기도는 많이 하는데 아주 고집쟁이들이 있습니다. 인격도 엉망입니다. 왜 이렇게 됩니까? 기도를 통해 하나님을 조종하려고 하기 때문입니다. 그러면 안 됩니다. 기도 시간은 내가 하나님을 바꾸는 시간이 아닙니다. 하나님이 나를 바꾸시는 시간입니다. 진정한 기도, 깨어 있는 기도는 성령의 인도를 받게 되어 있습니다. 그래서 기도할수록 하나님을 만나고 주님의 인격을 닮아 갑니다. 하나님이 원래 계획하신 내 모습으로 인도받습니다. 그러다 보면 세상이 줄 수 없고, 알지도 못하는 평안과 위로와 기쁨을 누리게 됩니다. 깨어 기도할수록 하나님의 위로와 평강이 오게 되어 있습니다. 그래서 성숙해지고, 평온해지고, 다른 사람을 치유하고, 교회를 세워 가는 것입니다.

어느 성도가 제게 이런 말을 했습니다.

"목사님 요즘 통 잠을 못 잡니다. 특별한 이유도 없는데 불안하고 쫓기는 마음입니다. 아무것에도 집중을 못 하겠습니다. 왜 그럴까요? 어떻게 하면 될까요?"

저는 이렇게 말했습니다.

"집사님의 영혼이 압박받는 것 같군요. 그럴 때는 기도하면 됩니다. 기도하면 영혼의 압력을 줄일 수 있습니다. 마음이 가벼워집니다. 마치 수로와 같습니다. 수로가 막히면 어떻게 될까요? 물이 흘러야 하는데 가로막히니 압력이 높아지겠지요. 그때 수로가 열리면 물이 흐르면서 압력이 줄어듭니다. 영적으로도 똑같습니다. 하나님은 우리를 향해 어떤 일을 하려고 할 때, 영적 부담을 주시는 경우가 많습니다. 기도하지 않으면 수로가 막힌 것처럼 시간이 갈수록 압력이 늘어납니다. 기도할수록 영적인 압력이 줄어들어요. 그래서 시원해집니다.

가슴이 답답할 때 기도하고 시원해지는 것을 느껴 본 적 있습니까? 불안감과 두려움, 공허한 마음이 사라지는 것을 경험한 적 있습니까? 하나님은 당신의 백성이 성령의 인도함을 받도록 하기 위해 기도를 선물로 주셨다는 것을 잊지 않기를 바랍니다. 기도하지 않으면 세상의 지배를 받게 됩니다. 그러나 깨어 기도하는 사람은 하나님의 지배를 받게 됩니다. 세상의 지배를 받을 것인가, 하나님의 지배를 받을 것인가를 선택하기 바랍니다."

일본의 신학자이자 목사인 우치무라 간조(內村鑑三)는 "기도는 예언이다. 가장 확실한 내 미래는 지금 내가 기도하는 내용이다"라고 말했습니다. 맞습니다. 미래를 예측하려는 인간의 노력은 대단하지만, 가장 확실한 내 미래는 지금 내가 간절히 하나님께 기도하는 내용입니다. 이런 의미에서 우리는 어느 정도 미래를 만들어 갈 수 있는 사람들입니다. 그러니 점치러 다니거나 오늘의 운세를 보며 시간을 보낼 필요 없습니다. 시간의 주인이신 하나님께 기도하세요. 그 간절한 기도대로 우리 인생이 펼쳐질 줄 믿습니다.

눈을 감으면 앞이 보이지 않아 갑갑합니다. 그러나 눈을 뜨면 세상의 온갖 색이 보입니다. 기도도 마찬가지입니다. 깨어 기도하면 눈이 떠져서 인생의 목적이 보이고, 기쁨이 회복되고, 사명을 깨닫습니다. 기도한다는 것은 우리 삶을 하나님 중심으로 바꾼다는 것을 의미합니다. 이런 기도는 성도의 의무이며 특권입니다. 이렇게 소중한 기도를 빼앗기지 않고 깨어 기도합시다.

기도를 들으시는 하나님.

깨어 기도하라고 하신 그 의미를 생각해 보았습니다. 모든 일을 시작하기 전에 기도하는 사람이 되게 하소서. 정해진 시간에 일정한 기도의 양으로 기도하는 사람이 되게 하소서. 분명한 기도제목에 집중하면서 소리를 내서 이성이 동의하는 기도를 하게 하소서. 기도를 지속하며 기도의 내용을 실천하며 기도의 결과를 잘 살피게 하소서. 기도하면서 우리 영혼이 하나님의 인도를 받으며 주님과 깊이 교제하는 멋진 삶을 살게 하소서. 아멘.

† '깨어 기도하라'는 말의 세 가지 의미는 무엇인가요?

_____

_____

† 기도 중에 깨어 있기 위한 방법 세 가지는 무엇인가요?

_____

_____

† 하나님께 기도한 후에 우리는 어떻게 해야 하나요?

_____

_____

04

그 이름을
받은 사람

✦

빌립보서 2:9-11

9 이러므로 하나님이 그를 지극히 높여 모든 이름 위에 뛰어난 이름을 주사

10 하늘에 있는 자들과 땅에 있는 자들과 땅 아래에 있는 자들로 모든 무릎을 예수의
   이름에 꿇게 하시고

11 모든 입으로 예수 그리스도를 주라 시인하여 하나님 아버지께 영광을 돌리게 하
   셨느니라

깨어 기도할 수 없겠느냐

제가 군대 생활을 하던 부대에 유명한 법사가 있었습니다. 그분은 설법을 잘할 뿐만 아니라 노래도 좋아해서 찬송가, 복음성가도 잘 불렀습니다. 시간이 남으면 기독교 모임에도 참여했습니다. 어느 날, 모임에 갔다가 그가 하는 기도 소리를 들었습니다. 믿음이 있는 사람처럼 기도를 깔끔하게 잘하더니 마지막에는 "예수님의 이름으로 기도합니다, 아멘"으로 마무리하는 것이 아니겠습니까. 정말 깜짝 놀랐습니다. 저만 놀란 게 아닙니다. 누군가 뒤에서 이렇게 질문하는 소리가 들렸습니다.

"어떻게 스님이 예수님의 이름으로 기도할 수가 있나요?"

그 법사는 이렇게 대답했습니다.

"기독교의 공식 아닙니까?"

그 말을 들은 대부분의 사람들은 그를 칭찬했습니다. 멋지다고 추켜세워 주었습니다. 그런데 저는 이런 생각이 들었습니다. '저 법사님은 정말 예수님의 이름으로 기도한 것일까?'

예수님의 이름으로 기도한다는 것의 정확한 의미가 무엇인지 아십니까? 이것은 신학적으로 굉장히 중요합니다. 첫째로, 예수님을 그리스도, 즉 구원자로 고백하는 것입니다. 둘째로, 예수님의 이름이 아니면 하나님께로 나갈 수 없음을 인정하는 것입니다. 셋째로, 내게 예수님 외에 다른 주인은 없음을, 예수님만이 나의 왕이심을 고백하는 것입니다. 이것은 대단한 신앙고백입니다. 주님 한 분만 따르겠다는 말입니다. 이런 고백 없이 예수님의 이름으로 하는 기도는 말장난에 불과합니다.

예수님의 이름은 단순히 부르기 위해, 다른 사람과 구분하기 위해 붙는 것과는 의미가 다릅니다. 그분의 이름은 아주 특별합니다. 예수를 믿는 사람이라면, 올바른 신앙생활을 하려면 예수님의 이름이 무엇인지, 그 의미를 반드시 알아야 합니다.

예수님의 이름이 특별한 이유

그렇다면 예수님의 이름은 왜 특별할까요? '예수'라는 이름은 그분이 땅에 계실 때 가졌던 이름입니다. 이 이름은 엄청난 변화의 과정을 거쳤습니다. 빌립보서 2장은 여기에 대해 이야기합니다.

"그는 근본 하나님의 본체시나 하나님과 동등됨을 취할 것으로 여기지 아니하시고 오히려 자기를 비워 종의 형체를 가지사 사람들과 같이 되셨고 사람의 모양으로 나타나사 자기를 낮추시고 죽기까지 복종하셨으니 곧 십자가에 죽으심이라"(6-8절)

예수님이 십자가에 죽으시고 3일 만에 부활하심으로 하나님 아버지의 뜻을 완성합니다. 하나님 아버지를 가장 기쁘게, 가장 영광스럽게 하셨습니다. 하나님이 누구신가를 가장 완전하게 보여 주셨습니다. 정말 위대한 사역입니다. 여기에 대한 하나님의 기쁨과 감격은 말로 다 할 수 없었습니다. 그래서 하나님이 예수님을 위해 무엇을 하셨을까요?

"이러므로 하나님이 그를 지극히 높여 모든 이름 위에 뛰어난 이름을 주사"(9절)

예수님의 이름을 세상 무엇보다 뛰어난 이름으로 만들어 주셨습니다.

"하늘에 있는 자들과 땅에 있는 자들과 땅 아래에 있는 자들로 모든 무릎을 예수의 이름에 꿇게 하시고 모든 입으로 예수 그리스도를 주라 시인하여 하나님 아버지께 영광을 돌리게 하셨느니라"(10-11절)

그 결과 하늘과 땅과 땅 아래에 있는 모든 존재가 예수님의 이름에 무릎을 꿇었습니다. 예수는 그리스도이며 주님이라는 것을 인정했습니다. 그것이 바로 예수님의 이름입니다. 그러므로 예수님의 이름에는 구원자이며 왕이라는 의미가 있는 것입니다.

옛날에 암행어사 제도가 있었지요. 암행어사는 임금이 직접 임명하는 관리인데, 여러 지방을 암행하면서 탐관오리를 색출합니다. 그리고 결정적인 순간에 마패를 보이며 나타납니다. "암행어사 출두요!" 하고 외치면 누구나 벌벌 떱니다. 왜 그렇습니까? 암행어사가 왕의 이름을 가지고 왔기 때문입니다. 그런데 예수님의 이름은 이 정도가 아닙니다. 보이는 세상과 보이지 않는 세상, 현재와 미래의 영원한 시간 안에서 모두가 복종하는 뛰어난 이름입니다.

예수 이름의 세 가지 능력

그렇다면 예수님의 이름에는 어떤 능력이 있을까요?
첫째, 예수님의 이름으로 구원을 받습니다.

"누구든지 주의 이름을 부르는 자는 구원을 받으리라"(롬 10:13)

"다른 이로써는 구원을 받을 수 없나니 천하 사람 중에 구원을 받을 만한 다른 이름을 우리에게 주신 일이 없음이라 하였더라"(행 4:12)

이렇게 이야기하면 죽은 후에 영혼만 구원받는다고 생각하는 사람이 있습니다. 아닙니다. 영혼 구원은 물론이고, 오늘 내가 처한 어려운 현실 속에서 주님의 이름을 부를 때 현재의 구원을 경험할 수 있습니다. 낙심한 사람이 예수님의 이름을 부르면 낙심으로부터 구원을 받습니다. 소망을 회복합니다. 미련한 사람이 예수님의 이름을 부르면 미련함으로부터 구원을 받습니다. 지혜를 얻습니다. 더 나아가서 예수님의 이름을 부르면 그곳에 주님이 임재하십니다. 그 이름을 부를 때, 위로와 소망과 생명의 역사가 생겨납니다. 죄악의 권세에 대한 최후의 승리는 예수님의 이름에 있습니다.

둘째, 예수님의 이름은 마귀를 내쫓습니다. 그래서 승리케 합니다.

"… 바울이 심히 괴로워하여 돌이켜 그 귀신에게 이르되 예수 그리스도의 이름으로 내가 네게 명하노니 그에게서 나오라 하니 귀신이 즉시 나오니라"

(행 16:18)

사도 바울은 귀신 들린 여종을 만났을 때 예수님의 이름으로 담대히 명령하고 선포했습니다. 그러자 귀신이 떠나갔습니다. 아무리 강한 사탄이라도 예수 이름으로 명령하면 꼼짝 못 합니다. 그들은 그 이름 앞

깨어 기도할 수 없겠느냐

에 복종할 수밖에 없습니다.

어느 성도가 제게 이런 말을 했습니다.

"목사님, 요즘 꿈을 꾸면서 자꾸 가위에 눌립니다. 너무 힘들어요. 왜 그런 걸까요? 어떻게 해야 할까요?"

혹시 같은 어려움에 처한 분들이 있습니까? 간단합니다. "예수님의 이름으로 명하니 악한 영은 물러가라!" 한마디면 다 끝납니다. 우리 입에서 '예수'라는 말이 나오기만 하면 상황은 종료됩니다. 예수님의 이름이 얼마나 위대한지 알게 될 것입니다. 그러니까 가위 눌리는 것 때문에 두렵다면 잠들기 전에 "오늘 밤 꿈에서 예수님의 이름이 생각나게 하소서"라고 기도해 보세요. 이런 기회를 통해서 영적인 눈을 뜨기 바랍니다. 예수님의 이름은 어떤 악한 권세도 물리치는 유일한 능력입니다.

셋째, 예수님의 이름으로 우리는 하나님의 자녀가 됩니다.

"영접하는 자 곧 그 이름을 믿는 자들에게는 하나님의 자녀가 되는 권세를 주셨으니"(요 1:12)
"… 너희가 무엇이든지 아버지께 구하는 것을 내 이름으로 주시리라"(요 16:23)

예수님의 이름으로 기도할 때, 하나님은 그 기도에 응답하십니다.

왜 예수 이름을 사용하지 않는가

우리가 마지막으로 기억해야 할 것이 있습니다. 주님은 예수님의 이름, 그 위대한 이름을 우리에게 맡기셨다는 것입니다. "내 이름을 사용해도 좋다"고 하셨습니다. 그러므로 우리는 예수님의 이름을 사용할 수 있습니다. 마치 예수님의 인감도장을 우리에게 맡기신 것과 같습니다. 어떤 사람이 은행에 큰돈을 예금했습니다. 그런 다음에 나에게 자기 인감도장의 위치와 통장 비밀번호를 가르쳐 주었다면 그는 나를 완전히 믿었다는 말입니다. 주님이 우리에게 그렇게 하셨습니다. "필요한 만큼 내 이름을 써도 좋다"고 하셨습니다. 얼마나 놀라운 일입니까? 그리스도인은 "그 이름을 받은 사람"입니다. 이제는 예수님의 이름을 내가 사용할 수 있습니다.

어떤 분들은 "예수님의 이름으로 기도해도 응답되지 않던데요?" 이렇게 묻습니다. 왜 그럴까요? 예수님의 이름이 무능하기 때문일까요? 하나님이 약속을 잊었기 때문입니까? 아닙니다. 그 사람이 예수님의 이름에 무릎을 꿇지 않았기 때문입니다. 자신을 위해 예수님의 이름을 사용하려고 하거나 자기 욕심으로 그 이름을 이용하려고 할 때는 응답이 없습니다. 내가 먼저 그 이름에 복종하고 주님의 뜻에 맞게 구할 때 주님은 어떤 방식으로든 응답해 주십니다. 이것이 예수님 이름의 권능입니다.

언젠가 병원에 심방을 가면서 함께 가던 집사님께 예배 기도를 부탁했습니다. 그랬더니 집사님이 거의 사색이 되어서는 "저는 기도 못해요, 정말 못해요" 하는 겁니다. 제가 왜 못하느냐 물었더니 "저는 능력이 없어요" 이렇게 말했습니다. 저는 깜짝 놀랐습니다. 그분의 말속에 들어 있는 의미를 알았기 때문입니다.

왜 기도를 못합니까? 우리가 이 위대한 이름을 사용하지 못하는 것은 그 이름이 얼마나 뛰어난지, 얼마나 위대한지 모르기 때문입니다. 무지해서 사용하지 않았고, 사용하지 않았기 때문에 경험하지 못했고, 그래서 부르지 않는 것입니다. 그러므로 예수님의 이름에 대해 배워야 합니다. 예수님의 이름으로 하면 됩니다. 그런데 우리는 그 위대함을 모르고 자기 이름으로 기도하려고 합니다. 예수님의 이름으로 기도한다고 하지만 자기 이름으로 기도하는 것입니다. 내가 기도했는데 병자가 낫지 않으면 어떡하나 걱정이 되어 기도하는 데 부담을 느낍니다. 그래서 환자를 위해 기도하지 못하고, 예수님의 이름으로 축복도 못 합니다.

그러나 이제는 그 이름의 능력을 경험해 보길 바랍니다. 주님의 음성을 들어 보기를 바랍니다. 그 이름은 고작 기도문 끝을 장식하는 형식적인 단어가 아닙니다. 겸손하고 간절한 마음으로 나를 내려놓고 예수님만 바라보며 기도하세요. 예수님의 마음으로, 예수님의 이름으로, 그 이름을 갈망하면서 기도하기를 바랍니다. 그 결과는 내가 책임질 일이 아닙니다. 우리는 그저 기도하면서 예수님의 이름이 얼마나 위대한지, 그 가치를 인정하면서 확인하면 됩니다. 그럴 때 새로운 기도의 힘을 얻게 될 것입니다.

성경을 보며 늘 궁금한 것이 있었습니다. '사도들은 어떻게 그렇게 담대할 수 있었을까?' 예수님의 이름을 가지고 있었기 때문입니다. 그들은 자기들이 예수님의 이름을 받았다는 것을 알았습니다. 언제든지 예수님의 이름으로 기도했습니다. 그 이름으로 무엇이든지 구하면, 하나님이 듣고 응답해 주실 것을 믿었습니다. 그렇게 철저히 믿었기 때문에 담대하고 용기 있고 지혜롭고 흔들리지 않았습니다. 하나님의 사명을 감당했습니다. 그리고 하나님께 영광을 돌렸습니다.

예수 믿는 사람들은 '없다'는 말을 자꾸 하면 안 됩니다. 용기가 없다, 친구도 없다, 지혜도 없다, 능력이 없다, 직업이 없다… 그렇게 계속 없다, 없다 하다 보면 정말 없는 사람이 됩니다. 베드로는 달랐습니다.

"베드로가 이르되 은과 금은 내게 없거니와 내게 있는 이것을 네게 주노니 나사렛 예수 그리스도의 이름으로 일어나 걸으라 하고"(행 3:6)

우리에게 정말 부족한 것이 돈일까요? 권력, 지식입니까? 아닙니다. 지금 내게 돈이 없어도 됩니다. 권력이 없어도 됩니다. 우리에게는 가장 중요한 것, 나사렛 예수의 이름이 있습니다. 문제는 예수님의 이름으로 기도할 믿음이 부족한 것입니다. 무엇보다도 예수님의 이름을 갈망해야 합니다. 그 이름의 능력을 알고 선포하고 기도해야 합니다. 삶의 위기와 역경과 어둠의 세력 앞에 서 있다면 오늘, 그분의 이름을 사용하십시오! 내가 예수님의 이름을 사용하면 하나님이 책임을 지십니다. 남들에게 그 이름을 말하기 전에, 먼저 자기 자신에게 선포하십시오.

"나는 돈도 없고 명예도 없다. 그러나 나에게 있는 것이 있다. 예수님의 이름이다. 예수님의 이름은 위대한 이름, 특별한 이름, 모든 무릎을 그 앞에 꿇게 하는 능력의 이름이다. 나는 그 이름을 가지고 있다."

그리고 이렇게 기도하십시오.

"주여, 먼저 내가 그 이름 앞에 무릎 꿇게 하시고, 예수님의 이름으

깨어 기도할 수 없겠느냐

로 일어서게 하소서.”

식탁에 앉아 기도할 때도 입으로는 “먹을 음식 주셔서 감사합니다, 예수님 이름으로 기도합니다” 하지만, 속으로는 ‘반찬이 왜 이 모양인가, 내가 이 정도밖에 못 버는 사람인가’ 이렇게 생각하지는 않습니까? 예수님이 나에게 주신 식탁을 감사히 받으세요. 함께 둘러앉아서 먹을 수 있다는 것이 얼마나 감사한 일입니까? 생명과 건강과 함께 먹을 가족과 먹을 것을 주신 것에 감사하면서 ‘예수님의 이름’으로 축복하고 즐겁게 드세요. 서로에게 수고했다고 칭찬해 주고, 서로를 만나게 해 주신 하나님께 감사하다 고백하는 식탁이 되길 바랍니다.

모든 것을 가졌으면서 아무것도 없는 사람처럼 살지 않기를 바랍니다. 언제 어디서나 ‘나는 예수님의 이름을 받은 사람이다’라는 것을 기억하고, 믿고, 실천하며 사세요. 예수님의 이름을 부르세요. 그 이름 안에 모든 것이 들어 있습니다. 그 이름을 부르면 예수님이 영광을 받으시고, 우리에게는 구원이 임합니다. 무엇보다 간절하게 부르세요. 기다림도 없이 입만 벙긋거리며 부른다면 별 힘이 없어요. 그러나 간절하게 진심으로 부른다면 그 이름의 능력은 무한합니다.

하나님 아버지.

우리가 지극히 높고 뛰어난 이름, 예수님의 이름을 받은 자임을 알게 하소서. 예수님의 이름을 잘 사용하게 하소서. 부귀 영화가 없다고 낙심하지 않게 하소서. 무엇보다 뛰어난 예수님의 이름을 주셨으니 감사하게 하소서. 그 이름 안에 모든 것이 있음을 알게 하소서. 그 이름으로 구하고, 그 이름을 통해 주시는 은혜를 날마다 누리게 하소서. 아멘.

깨어 기도할 수 없겠느냐

† 예수님의 이름이 가진 세 가지 능력은 무엇인가요?

† 하나님이 우리 기도에 응답하시지 않는 이유는 무엇인가요?

† '예수님의 이름을 받은 사람'으로서 우리는 어떤 삶을 살아갈 수 있
  나요?

05

하나님이
원하시는 기도

✦

마태복음 6:10

나라가 임하시오며 뜻이 하늘에서 이루어진 것 같이 땅에서도 이루어지이다

한 성도가 제게 이런 말을 해 주었습니다.

"목사님, 기도에 대해 알고 싶어서 인터넷에 검색해 봤더니, 다른 종교에도 기도에 관한 내용이 엄청 많았어요. 그래서 정말 놀랐습니다."

"그럼요, 모든 종교에는 기도가 다 있지요. 그리고 아주 중요하게 다룹니다."

"그렇다면 기도는 다 똑같은 것인가요?"

만약 누군가 이렇게 묻는다면 뭐라고 답하겠습니까? 결론부터 말한다면 기도는 다 똑같지 않습니다. 다른 종교의 기도와 기독교의 기도는 아주 다릅니다. 다른 종교의 기도는 내 뜻이 이루어지는 것이 목표입니다. 다시 말하면 내가 주인이고, 신은 나의 심부름꾼이 되는 것입니다. 그러나 기독교의 하나님은 우상이 아닙니다. 천지를 창조하시고, 역사를 다스리는 분입니다. 나를 이 땅에 보내신 분이고, 크고 선한 뜻을 가지고 계신 전능한 분입니다. 내 뜻과 하나님의 뜻 중에서 어느 것이 크겠습니까? 하나님의 뜻입니다. 내 뜻이 이루어지는 것과 나를 향한 하나님의 뜻이 이루어지는 것 중에서 어느 것이 나에게 더 유익하겠습니까? 하나님의 뜻이 이루어지는 것입니다. 그래서 기독교의 기도는 하나님의 뜻이 이루어지기를 기도하는 것입니다.

그렇다면 내가 원하는 소원을 하나님께 간구하는 것은 잘못일까요? 자녀로서 하나님께 기도하는 것은 잘못이 아닙니다. 필요한 경우에 간구할 수 있고, 또 그렇게 하라고 하셨습니다. 그러나 그것은 기도의 전부가 아닙니다. 기도의 핵심은 '하나님의 뜻이 이 땅에 이루어지기를' 간구하는 것입니다. 이것이 진정한 기도이며, 위대한 기도입니다.

하나님의 뜻이 이루어지는 3단계

우리는 기도하면서 몇 가지 의문이 생길 수 있습니다. 예를 들면 이런 것입니다.

'하나님은 내 사정을 다 아시면서 왜 기도하라고 하시는가? 그냥 주시면 되지 왜 꼭 기도해야만 주시는가? 기도할 때까지 기다리시는 이유가 뭔가?'

이것을 이해하려면 하나님의 뜻이 이루어지는 3단계를 알아야 합니다. 첫 번째는 하나님이 뜻을 세우시는 단계입니다. 두 번째는 하나님이 그 뜻을 우리에게 알려 주시고, 우리가 그 뜻을 알게 되는 단계입니다. 세 번째는 하나님의 자녀들이 그 뜻을 사모하며, 이루어 달라고 기도하는 단계입니다. 그러니까 하나님께는 뜻이 있고, 그 뜻을 성도들이 이해하고 깨닫는 단계가 있고, 그것에 동의하고 그 뜻을 이루어 달라고 기도하는 단계가 있습니다.

성도들이 알면서도 기도하지 않으면 어떻게 될까요? 하나님은 그 뜻을 행하지 않고 기다리십니다. 왜 그렇게 하십니까? 하나님이 그렇게 정하셨습니다. 이것이 기도의 신비입니다. 기도의 신비는 하나님께는 뜻이 있고, 그 뜻을 우리에게 알려 주시고, 그것을 우리가 원하고 기도하면 이루시고, 기도하지 않으면 시행하지 않는다는 것입니다.

이것을 성경에서는 어떻게 표현하는지 살펴 보겠습니다.

"진실로 너희에게 이르노니 무엇이든지 너희가 땅에서 매면 하늘에서도 매일 것이요 무엇이든지 땅에서 풀면 하늘에서도 풀리리라"(마 18:18)

깨어 기도할 수 없겠느냐

여기서 중요한 것은 매고 푸는 것이 하나님의 뜻이라는 것입니다. 하나님은 어떤 것은 매고, 어떤 것은 풀기를 원하십니다. 그런데 하나님 혼자서 행하시지 않고, 하나님의 자녀가 땅에서 그것을 원하고 기도할 때까지 기다리십니다.

"주 여호와께서 이같이 말씀하셨느니라 그래도 이스라엘 족속이 이같이 자기들에게 이루어 주기를 내게 구하여야 할지라 내가 그들의 수효를 양 떼같이 많아지게 하되"(겔 36:37)

이스라엘의 수가 양 떼처럼 많아지는 것이 하나님의 뜻이며 소원입니다. 그런데 이스라엘 백성들이 그렇게 해 달라고 기도해야 한다는 말입니다. 그 기도를 듣고 하나님이 그렇게 행하시겠다는 것입니다. 그때까지 하나님은 기다리십니다. 주도권을 우리에게 주신다는 말입니다.

쉽게 예를 들어 보겠습니다. 어떤 아버지가 위대한 사업가라고 합시다. 어떤 일을 해야겠다고 생각했습니다. 이 사업은 세상을 이롭게 하는, 엄청난 가치가 있는 일입니다. 지금 당장 아버지 혼자서 실행해도 됩니다. 그렇지만 아버지는 아들과 함께하고 싶습니다. 그래서 곧바로 시행하지 않고 먼저 아들에게 내가 이런 계획이 있다고 알려 줍니다. 아버지가 원하는 것은 아들이 아버지의 계획을 이해하고 나서, "아빠 그 계획 너무 좋아요, 꼭 그 일을 하면 좋겠어요, 빨리 그 일이 이루어지는 것을 보고 싶어요" 하는 것입니다. 그러면 아버지는 아들의 말을 듣고 "그래? 너도 원하느냐? 알았다, 그럼 해 보자" 한다는 말입니다.

그런데 철없는 아들은 아버지의 계획에는 관심이 없습니다. 아버지의 일에 동참할 생각도 없고 자기가 하고 싶은 일에만 푹 빠져 있습니다. 그럼 아버지는 그 좋은 계획을 그냥 계획으로 남겨 둡니다. 아들이 아버지의 계획이 정말 좋다고 깨닫고, 그 일이 이루어지길 원할 때까지 기다립니다.

아버지는 혼자도 그 일을 할 수 있습니다. 그런데 왜 이렇게 하는 걸까요? 아들이 아버지를 이해하고 아버지의 뜻과 하나가 되기를 원하는 것입니다. 그 일에 아들이 동참하길 원하는 것입니다. 그래서 그 일이 이루어졌을 때 아들에게 공을 주려는 것입니다.

"애야, 수고 많았다."

"제가 한 일이 뭐 있나요? 다 아버지가 하신 일이지요."

"네가 원했기 때문에 내가 시행했으니 네 역할이 컸다. 장하다. 네가 멋진 일을 했구나."

이런 칭찬을 하고 싶은 것입니다. 이것을 신학에서는 '동역자의 지위와 영광을 주려는 것'이라고 말합니다. 그러므로 내 소원을 이루어달라고 기도하는 것도 좋지만, 하나님의 뜻이 이루어지기를 기도하는 것이 영적으로 훨씬 더 성숙하고 강력한 기도입니다.

자연적인 기도와 초자연적인 기도

그런데 하나님의 뜻이 이루어지기를 기도하기가 어렵습니다. 왜냐하면 인간의 본성을 거스르는 일이기 때문입니다. 그래서 데이비드 베

너(David Banner)는 기도를 자연적인 기도와 초자연적인 기도로 구분했습니다. 자연적인 기도는 모든 사람이 언제나 자연스럽게 드리는 기도입니다. 그 내용은 "내 뜻이 이루어지기를" 기도하는 것입니다. 초자연적인 기도는 "아버지의 뜻이 이루어지기를" 기도하는 것입니다. 초자연적인 기도는 하나님의 소원을 내 입으로 표현하는 것입니다. 기도를 통해 나의 목표를 이루는 것이 아니라 하나님의 목표를 이루는 것입니다. 이 차이는 엄청납니다.

역사를 살펴보면 기도의 사람들은 어떤 문제가 생겼을 때, 예를 들면 돈이 없거나 몸이 병들었을 때 "빨리 돈을 주시지 않으면 파산합니다"라거나 "빨리 제 몸을 회복시켜 주세요" 하고 기도하지 않았습니다. 이것이 먼저가 아니었습니다. 그들은 먼저 하나님의 뜻을 물었습니다. 그러면서 "이 사건을 통해 하나님의 뜻이 이루어지게 하소서" 하고 기도했습니다.

성숙한 기도는 내 뜻을 이루기 위해 하나님의 뜻을 바꾸는 것이 아닙니다. 내 뜻보다 하나님의 뜻이 이루어지기를 원하는 것입니다. 그래서 존 웨슬리는 말했습니다.

"정말 위대한 기도는 하나님의 뜻이 이루어지기를 기도하는 것이다. 하나님은 우리의 기도를 통해 모든 일을 하시고, 우리의 기도가 없으면 아무 일도 하시지 않기 때문이다."

이것은 마치 기차와 철로의 관계와 같습니다. 아무리 기차가 좋고, 그 안에 많은 보물이 들어 있어도 철로가 없으면 운행할 수 없습니다. 철로가 깔려야만 그 길을 따라 기차가 들어올 수 있습니다. 성도의 기도는 철로를 놓는 것과 같습니다. 어릴 때 철도 공사를 하는 것을 본 적이 있습니다. 터를 닦고, 축대를 쌓고 하는 것은 중장비를 이용하는 일이니까 어린아이가 보기엔 하나도 이해가 안 됐지만, 마지막으로 그 위에 침목을 까는 것은 똑똑히 기억합니다. 침목 하나를 옮기기 위해 사람들이 얼마나 땀을 흘리며 애쓰던지요. 그런데 그렇게 철로가 깔리고 나면 기차가 들어옵니다. 엄청난 변화가 생기는 것입니다.

하나님의 뜻이 이루어지게 해 달라고 기도하는 것이 왜 중요합니까? 이렇게 기도하면 우리의 관점이 완전히 바뀌기 때문입니다. 예를 들면 자녀를 위해 기도할 때, 내가 꿈꾸는 자녀의 모습을 디자인하고 이렇게 해 달라고 하나님께 요청합니다. "하나님, 우리 딸 아무개가 좋은 대학 가게 해 주시고, 좋은 직장에 취직하게 해 주시고, 좋은 사람 만나 결혼하게 해 주시고…" 하는 것입니다. 이것은 내 중심적인 생각입니다. 여기서 하나님의 뜻은 중요하지 않습니다. 그런데 하나님의 뜻이 이루어지기를 기도하는 사람은 먼저 내 자녀를 향한 하나님의 계획을 묻습니다. 하나님이 원하시는 내 자녀의 모습을 그려 봅니다. 자녀를 하나님의 눈으로 봅니다. 그러면 기도가 이렇게 바뀝니다.

"하나님, 내 아들을 향한 하나님의 선하신 뜻이 무엇입니까? 그 아이가 하나님을 사랑하는 사람이 되길 원합니다. 예배하는 사람이 되게 하시고, 그를 통하여 하나님이 영광 받으시는 인생이 되게 하소서."

나 중심에서 하나님 중심으로 바뀌는 거예요. 엄청난 변화입니다.

그런데 많은 사람이 하나님의 높은 뜻에는 관심이 없습니다. 나를 향한 하나님의 계획은 묻지도 않습니다. 오직 이 땅에 속한 내 욕심만 위해서 기도합니다. 내 소원, 내가 원하는 것만 이루어 달라고 졸라 댑니다. 그래서 아무리 많이 기도해도 우리의 기도는 바뀌지 않고 성숙해지지 않습니다. 기도하면서도 인생을 낭비하는 것입니다.

내 기도가 변하려면

이런 딜레마를 어떻게 극복할 수 있을까요? 공식이 있습니다. 하나님 앞에 내 상황을 있는 그대로 정직하게 말씀드리는 것입니다. 예를 들면 이렇습니다.

"주님이 가르쳐 주신 대로 기도하기가 힘들어요. 도와주세요. 정말 하나님의 뜻이 이루어지기를 기도하는 사람이 되게 하소서."

그러면 하나님이 응답하십니다. 우리 속에서 하나님이 원하시는 기도를 드려야겠다는 마음이 올라오기 시작합니다. 그래서 진정으로 하나님의 뜻이 이루어지기를 갈망하는 사람이 되어 가는 것입니다. 처음에는 이런 기도가 낯설게 느껴집니다. 그러나 하다 보면 점점 뜨거워지고, 하나님의 마음을 알게 되고, 눈물이 납니다.

우리가 하나님의 뜻이 이루어지게 해 달라고 기도한다면 이 세상에 얼마나 멋진 일들이 많이 일어나겠습니까? 수많은 어둠이 물러가고, 하나님이 살아 계시는 증거가 가득해지지 않겠습니까? 그런데 자기 일에만 열중하기 때문에 세상에는 불의가 가득하고, 죄악이 판을 치며, 은혜가 흘러가지 않고, 탄식이 가득한 현실이 계속되는 것입니다. 우리가 기도하면서 정말 싸워야 할 것은 무엇일까요? 이것을 달라고, 내가 원하는 것을 내놓으라고 싸우는 것이 아닙니다. 정말 싸워야 할 것은 하나님의 뜻을 방해하는 것, 그분의 뜻을 거부하고 내 뜻을 관철하려는 욕심, 유혹과 싸워야 합니다. 그리고 하나님의 뜻이 이루어지기를 사모해야 합니다. 그럴 때 하나님과 친밀해지고, 기도는 담대해집니다. 기도가 현실이 될수록 하나님의 역사가 이 땅에 풍성해질 것입니다.

내가 원하는 것을 하나님께 구하지 말라는 것이 아닙니다. 그러나 그것은 기도의 일부이며, 작은 부분이라는 것을 기억하십시오. 진정한 기도, 더 위대하고 큰 기도, 하나님이 정말 원하시는 기도, 세상을 변화시키는 기도는 하나님의 뜻이 이루어지기를 간절히 구하는 것입니다. 그래서 하나님의 뜻이 이루어지기를 기도하는 사람은 이 땅에 하나님의 은혜를 가져오는 축복의 통로가 되는 것입니다.

기도하지 않으면 안 되는 시대입니다. 갈수록 더 그렇습니다. 혹시 지금까지 기도를 중단했거나 포기했다면 다시 기도의 자리로 나오기를 권면합니다. 또 지금까지 계속 기도하고 있었다면 내가 정말 하나님이 원하시는 기도를 하고 있는지 점검해 보기를 바랍니다. 내 뜻보다 하나님의 뜻이 이루어지기를 기도하는 성숙한 기도의 사람이 되기를 축원합니다.

깨어 기도할 수 없겠느냐

하나님 아버지.

우리는 내가 원하는 것을 구하면서 기도를 시작합니다. 그러나 간절히 기도하다 보면 하나님의 마음을 알게 되고, 그러다 보면 하나님의 뜻이 이루어지기를 바라는 기도로 발전하게 됨을 믿습니다. 내 뜻을 이루어 달라는 기도에서 하나님의 뜻이 이루어지기를 바라는 기도로 바뀌게 해 주소서. 혹시 기도를 중단했거나 시작하지 못한 성도들이 있다면 다시 시작할 수 있는 은혜를 부어 주소서. 진정한 기도의 사람이 되게 하소서. 아멘.

† 하나님의 뜻이 이루어지는 3단계는 무엇인가요?

---

† 하나님이 우리에게 원하시는 기도는 무엇인가요?

---

† 내 삶에서 하나님이 당신의 뜻을 이루고자 하시는 부분이 있다면 나눠 봅시다.

06

능력 있는 기도

✷

누가복음 18:1-8

1 예수께서 그들에게 항상 기도하고 낙심하지 말아야 할 것을 비유로 말씀하여

2 이르시되 어떤 도시에 하나님을 두려워하지 않고 사람을 무시하는 한 재판장이 있는데

3 그 도시에 한 과부가 있어 자주 그에게 가서 내 원수에 대한 나의 원한을 풀어 주소서 하되

4 그가 얼마 동안 듣지 아니하다가 후에 속으로 생각하되 내가 하나님을 두려워하지 않고 사람을 무시하나

5 이 과부가 나를 번거롭게 하니 내가 그 원한을 풀어 주리라 그렇지 않으면 늘 와서 나를 괴롭게 하리라 하였느니라

6 주께서 또 이르시되 불의한 재판장이 말한 것을 들으라

7 하물며 하나님께서 그 밤낮 부르짖는 택하신 자들의 원한을 풀어 주지 아니하시겠느냐 그들에게 오래 참으시겠느냐

8 내가 너희에게 이르노니 속히 그 원한을 풀어 주시리라 그러나 인자가 올 때에 세상에서 믿음을 보겠느냐 하시니라

깨어 기도할 수 없겠느냐

친구 목사님의 이야기입니다. 어느 날 오후, 특별한 일도 없었는데 갑자기 몸에 힘이 쫙 빠지면서 낙심에 사로잡혔습니다. '내가 지금 이 시골구석에서 뭐 하고 있는 거지? 나에게 정말 미래가 있는 걸까? 이렇게 살아도 되는 걸까?' 하는 비참한 생각이 들었습니다. 그날 저녁, 잠에 들기 전에 기도하는데 하나님의 음성이 들려왔습니다.

"너는 왜 네가 설교한 대로 살지 않느냐?"

이 말을 듣고 '내가 무슨 설교를 했지?' 하고 지난주 설교 제목을 생각해 보았습니다.

"낙심은 사탄이 주는 마음입니다!"

그 순간 자신이 영적인 공격을 받았다는 것을 깨달았습니다. 낙심은 사탄이 주는 마음인데, 그걸 왜 받아들였을까 후회하며 싸워야겠다 마음을 먹고 "나를 실망시키는 낙담의 영아, 예수의 이름으로 물러갈지어다!" 하고 선포했습니다. 또 자기 이름을 부르면서 "너는 하나님을 기뻐하고 찬양하라!" 하고 명령했습니다. 찬양하고 감사하자 그 밤에 얼마나 큰 위로와 기쁨이 넘쳐 났는지, 참 행복했다고 했습니다. 친구 목사님은 이렇게 고백했습니다.

"내 상황은 조금도 변한 게 없는데 낙담의 영을 쫓아내기 전과 후는 너무 달랐습니다. 오후 내내 너무나 비참했는데, 그 밤은 너무 행복했습니다. 그때 나는 우리의 기분과 생각 속에, 수많은 인간관계 속에, 만나는 사건 속에 영적인 공격이 얼마나 많이 들어 있는지 깨달았습니다. 그걸 깨닫고 싸워야겠다고 생각한 후에 영적으로 많이 성장했습니다."

사탄이 좋아하는 두 종류의 사람이 있습니다. 첫째는 귀신을 무서워하고 섬기는 사람입니다. 자기 앞에서 벌벌 떠는 사람이 있으면 얼마나 만만하겠습니까? 그래서 사탄은 이런 사람을 무시합니다. 둘째는 사탄의 존재를 부정하는 사람입니다. "요즘 세상에 귀신이 어디 있어?" 하고 말하는 사람을 사탄은 만만히 봅니다. 왜냐하면 사탄이 아무리 그 사람을 괴롭혀도 누가 괴롭히는지 절대로 모르기 때문입니다. 그런 사람들은 나를 괴롭히는 것이 사람이고 상황이라고 생각합니다. 악한 영의 존재를 짐작도 못하기 때문에 이런 사람을 속이는 것은 식은 죽 먹기입니다. 그러니까 우리는 사탄을 너무 무서워해도 안 되지만, 무시해서도 안 됩니다. 사탄의 존재를 인정하고 예수님의 이름으로 대적해야 합니다.

기도하면서 낙심하는 이유

성경을 보면 예수님은 기도를 강조하시고 자세히 가르치셨습니다. 그중에서도 특히 누가복음 18장에는 중요한 가르침이 있습니다.

"예수께서 그들에게 항상 기도하고 낙심하지 말아야 할 것을 비유로 말씀하여"(1절)

예수님은 항상 기도하되 낙심하지 말라고 하셨습니다. 왜 이런 이야기를 하셨을까요? 그 배경이 17장 후반부에 나오는데, 예수님의 재림이 가까워지면서 악의 세력이 더 강해질 것과, 그에 따라 환란과 핍박이 있을 것, 그리고 믿음에 대한 공격이 많아질 것을 말씀하셨습니다.

그래서 말세로 갈수록 성도들은 기도해야 한다는 것입니다. 그런데 과연 성도들이 말세에 기도를 많이 할까요? 그렇지 않습니다. 말세의 성도들은 기도하기보다 낙심합니다. 낙심이 되면 기도를 중단하게 됩니다. 그렇다면 왜 기도하면서 낙심하는 것일까요?

첫째, '나는 자격이 없다'는 마음 때문입니다. 이런 마음을 우리에게 넣는 것은 어둠의 권세입니다. 어둠의 권세는 우리가 기도하려고 할 때마다 '네가 무슨 자격이 있어서 하나님께 기도하느냐? 하나님이 네 기도를 들어줄 것 같으냐?' 하는 마음을 갖게 합니다. 기도를 지속하려면 이런 마음을 물리쳐야 합니다. 우리는 십자가의 사랑을 받은 사람들이기 때문입니다. 우리는 십자가의 사랑으로 하나님의 자녀가 됐습니다. 그것만으로도 기도할 자격이 충분합니다. 이 사실을 기억해야 합니다.

둘째, '기도에도 한계가 있다, 아무리 기도해도 소용이 없다, 이 문제는 하나님도 해결 못 한다'는 마음 때문입니다. 언젠가 남편을 먼저 떠나보낸 성도의 집으로 심방을 갔습니다. 그분이 너무 외롭고 힘들어하기에 "이제 더욱 기도하며 살아야 합니다"라고 말했습니다. 그랬더니 "목사님, 기도한다고 죽은 남편이 살아오겠습니까?" 이렇게 답하는 겁니다. 그 말을 듣는데 가슴이 아팠습니다. 무슨 말을 해야 할까 고민하다가 어렵게 입을 열었습니다.

"맞습니다. 기도한다고 죽은 사람이 살아오지는 않지요. 그렇다고 해서 기도가 필요 없는 건 아닙니다. 인간의 판단으로 하나님의 능력을 제한하면 안 됩니다. 기도하다 보면 내가 전혀 생각하지 못한 방법으로 위기를 헤쳐 나갈 지혜를 주십니다. 놀라운 위로와 용기와 새 힘을 주십니다. 그러니 어떤 때라도 기도해야 합니다."

셋째, '하나님 없어도 내 힘으로 할 수 있다'는 교만한 마음이 기도를 막습니다. 그러나 예수님은 어떤 경우에도 낙심하지 말고 기도해야 한다고 말씀하셨습니다. 교부 오리겐(Origen)은 "기도는 마치 소금과 같다"고 했습니다. "모든 음식에 소금을 넣어야 하듯이 모든 일에 기도가 따라가야 한다, 작은 일이나 큰일이나, 좋은 일이나 나쁜 일이나 다 그 속에 기도가 들어가야 하는 것이다, 그래야 일이 제대로 이루어질 수 있고, 그 결과 하나님이 영광을 받으신다"는 뜻입니다.

과부와 불의한 재판관

누가복음 18장에는 한 과부가 등장합니다. 그는 불의한 재판관을 찾아가서 자기 원한을 풀어 달라고 간청했습니다. 그런데 과부는 재판관의 응답을 받지 못합니다. 탄원자가 힘없는 과부였기 때문입니다. 그러면 재판장은 어떤 사람일까요?

"이르시되 어떤 도시에 하나님을 두려워하지 않고 사람을 무시하는 한 재판장이 있는데"(2절)

그는 하나님을 두려워하지 않고 사람을 무시했습니다. 그야말로 안하무인이며 인격 파탄자입니다. 그러니 힘없는 과부가 하소연한다고 들어주겠습니까? 이 불의한 재판장은 가난한 과부의 요청에 응답할 마

음이 눈곱만큼도 없습니다. 그에게서는 하나님의 공의, 사회질서, 정의
와 같은 개념을 찾아볼 수 없습니다.

　그런데 놀라운 일이 벌어졌습니다. 이 불의한 재판장이 과부의 원
한을 풀어 주자 생각한 것입니다. 기적이 일어났습니다. 그 이유가 5절
에 나옵니다.

"이 과부가 나를 번거롭게 하니 내가 그 원한을 풀어 주리라 그렇지 않으면 늘

와서 나를 괴롭게 하리라 하였느니라"(5절)

　재판장이 누군가의 원한을 풀어 주는 이유가 정의감이나 동정심 때
문이 아닙니다. 의무감 때문도 아닙니다. 오직 귀찮아서, 자기 편하려
고 풀어 주기로 결정했다는 것입니다. 어쨌든 과부 입장에서는 불가능
한 일이 이루어졌습니다.

"주께서 또 이르시되 불의한 재판장이 말한 것을 들으라"(6절)

　예수님은 이 재판장의 말을 기억하라고 하셨습니다. 다시 말하면 간
청은 완고한 사람의 마음도 바꾼다는 것을 기억하라는 말입니다. 그러
면서 놀라운 이야기를 하십니다. 하나님을 불의한 재판장에 비유하신
것입니다. 하나님과 불의한 재판장은 절대로 공존할 수 없습니다. 어떻
게 하나님을 이런 안하무인인 자와 비교합니까? 하나님의 엄청난 자
기 비하입니다. 그러나 다 이유가 있습니다. 하나님의 백성들에게 기도

가 무엇인지, 어떻게 기도해야 하는지 가르쳐 주기 위해서 그렇게 하신 것입니다.

> "하물며 하나님께서 그 밤낮 부르짖는 택하신 자들의 원한을 풀어 주지 아니
> 하시겠느냐 그들에게 오래 참으시겠느냐"(7절)

여기서 중요한 말은 "하물며"입니다. 불의한 재판장도 쉬지 않고 요구하면 귀찮아서라도 들어주는데, 하물며 너희를 사랑하시는 하나님이, 너희의 아버지가, 기도를 가르치고 명령하시는 그분이 택한 자들의 간구에 응답하시지 않겠느냐고 강조하시는 것입니다.

이 비유를 말씀하는 예수님의 마음, 그 안타깝고 간절한 마음이 느껴집니까? 기도는 우리가 해야 하는 일입니다. 그런데 기도를 받으시는 분이 요청하십니다. 제발 기도하라고, 내가 들어주겠다고 하십니다. 하나님은 기도를 들어주시는 분이고, 지체하지 않으시는 분입니다. 불의한 재판장처럼 끝까지 애를 먹이다가 나중에 어쩔 수 없어 들어주는 분이 아닙니다. 자녀의 간구에 속히 응답하시는 분입니다.

능력 있는 기도의 세 가지 요소

성도라면 누구나 능력 있는 기도를 하고 싶을 것입니다. 기도에 아무 힘이 없다면 무슨 필요가 있습니까? 능력 있는 기도를 하려면 다음의 세 가지를 기억해야 합니다.

깨어 기도할 수 없겠느냐

첫째, 과부의 마음으로 하는 기도입니다. 능력 있는 기도는 여기에서 출발합니다. 예수님이 기도를 가르쳐 주시면서 왜 주인공을 과부로 정하셨을까요? 당시의 과부는 사회적 약자였기 때문입니다. 그래서 과부의 기도란 하나님만 바라보는 기도입니다. "제가 의지할 것은 하나님밖에 없습니다"라고 고백하는 기도입니다. 자신에게는 아무것도 없음을 고백하며 하나님을 굳게 붙드는 기도입니다. 우리는 모두 이런 과부의 마음으로 기도해야 합니다.

그러나 우리는 과부의 처지가 되고 싶지 않습니다. "나는 돈도 있고, 도와줄 사람도 많고, 건강하고, 배운 것도 많고, 인생의 자랑거리가 많다" 이렇게 생각하지는 않습니까? 이렇게 인생의 자랑거리가 많은 사람은 처절한 기도를 할 수 없습니다. 그렇다고 세상을 등지고 살라는 말은 아닙니다. 과부의 마음으로 돌아가라는 것입니다. 하늘과 땅 가운데 나를 도울 분은 하나님 한 분뿐임을 인정하라는 말입니다. 돈도 사람도 이 문제를 해결해 줄 수 없고, 오직 하나님만이 해결하실 수 있음을 믿으라는 말입니다. 이런 절박한 마음, 처절한 기도가 능력 있는 기도의 시작입니다.

하나님께 나갈 때는 내 인생의 계급장을 다 떼어야 합니다. 내가 사장이든, 교수든, 부자든 하나님은 그것 때문에 기도를 들으시는 분이 아닙니다. 나는 하나님의 자비 외에는 의지할 것이 없는 존재이고 무능한 인간일 뿐임을 철저하게 인정하고 받아들이는 것, 그것이 하나님 앞에 응답받는 기도의 비결입니다. 과부의 겸손하고 처절한 기도가 능력 있는 기도의 첫 번째 요소입니다.

둘째, 끈질긴 기도입니다. 과부는 "자주 그에게 가서" 호소했습니다 (3절). 재판장이 괴롭다고 말할 정도였습니다.

성경에는 세 번 기도했다는 말이 많이 나옵니다. 꼭 3회를 의미할까요? 아닙니다. 반복해서, 끈질기게, 지속적으로 기도했다는 뜻입니다. 더 정확하게 말하면 응답이 올 때까지, 하나님이 들으실 때까지 계속 기도하는 것을 말합니다. 그런데 우리 기도가 대부분 끈질기지 않습니다. 한 성도가 사정이 급하게 되어 새벽기도를 시작했습니다. 급할 때 하나님께 나오는 것은 해결의 방향을 옳게 잡은 것이라고 응원해 드렸습니다. 그런데 토요일이 되자 이렇게 이야기하는 것입니다.

"내가 6일 동안이나 새벽기도를 했는데, 왜 아직도 응답이 안 되는 걸까요?"

기도는 끈질겨야 합니다. 조급하면 안 됩니다. 응답받는 기도, 능력 있는 기도는 끈질긴 기도입니다.

셋째, 내 원한을 풀어 달라는 기도입니다. 쉽게 말하면 원수를 인식하고, 그 문제에 하나님이 개입하기를 바라는 기도가 능력 있는 기도입니다. 본문에는 3자 관계가 등장합니다. 피해자인 과부는 기도하는 성도입니다. 재판장은 기도를 들어주는 분입니다. 그리고 또 누가 있을까요? 직접 등장하진 않지만 숨어 있는 제3자, 트러블메이커가 있습니다. 과부가 당한 문제는 그가 만든 것이 아닙니다. 재판장이 일으킨 것도 아닙니다. 진짜 문제의 원인은 따로 있습니다. 제3자, 이것이 바로 원수입니다. 그래서 기도에는 3자 관계가 있어야 합니다. 그런데 우리는 하나님과 나, 양자 관계만 생각합니다.

내 원한을 풀어 주소서

이와 관련해서 기도하는 사람을 세 가지 성향으로 나눠 볼 수 있습니다. 어떤 사람은 무조건 내가 원하는 대로 일이 진행되어야 문제가 다 해결된다고 생각합니다. 내 소원이 이루어지면 끝이라 생각합니다. 또 어떤 사람은 하나님의 뜻이 이루어지게 해 달라고 기도합니다. 그런데 이런 사람도 있습니다. "내 원한을 풀어 주소서, 나를 괴롭힌 원수를 심판해 주소서" 하고 기도하는 사람입니다. 문제의 근본 원인인 원수를 제거해 달라고 기도하는 것입니다. 우리에게 필요한 기도가 바로 이와 같습니다. 제3자, 원수의 존재를 인식하고 대적하는 기도가 필요합니다. 그 힘을 결박하고 쫓아내 달라고 기도해야 합니다. 그럴 때 우리 기도가 살아나고 능력이 있습니다. 적을 의식하지 않으면 기도가 느슨해집니다. 그러나 적을 의식하면 기도가 살아납니다.

예배를 위해 중보기도할 때를 떠올려 봅시다. 먼저는 "은혜 받게 해 주세요" 하고 기도합니다. 이게 기본입니다. 기도는 내가 은혜 받는 것에서 시작합니다. 그리고 대부분 사람들의 기도는 여기서 끝납니다. 그러나 한 단계 더 나가야 합니다. 예배의 목적은 하나님께 영광 돌리는 것입니다. 영광 돌리는 덕에 내가 은총을 입는 것입니다. 그러니까 하나님의 영광을 위해서 기도해야 합니다. 그럼 이것으로 끝일까요? 마지막하나가 빠졌습니다. 하나님과 나 사이에 예배를 방해하는 것을 제거하는 기도를 해야 합니다. "주여, 예배를 방해하는 어둠의 권세를 몰아내 주시고, 나를 산만하게 하고 말씀을 의심하게 하고 집중하지 못하게 하는 어둠의 권세를 몰아내 주소서" 하고 기도하는 것입니다. 이렇게 기도해야 3자 관계가 다 성립됩니다.

　인간관계도 그렇습니다. 부부싸움은 아주 사소한 것에서 시작합니다. 그런데 그 사소함을 넘어서지 못하면 갈등이 커집니다. 결국은 가정이 제 기능을 발휘하지 못하는 지경까지 갑니다. 하나님 앞에 거룩하고 행복해야 할 가정이, 주님의 일을 감당해야 할 가정이 사소한 불화 때문에 갈등하느라고 아무 일도 못 하는 것입니다. 사랑하지 않는 부부가 어디 있겠어요? 그런데 자꾸만 상대방의 사소한 잘못이 보입니다. 용납하는 마음이 생기려다가도 싹 가십니다. 미운 행동에 마음을 빼앗겨 그것만 생각하며 상처를 입습니다. 그것 때문에 관계가 계속 악화됩니다.

　내 배우자가 원래 나쁜 사람인가요? 그렇게 나쁜 사람이었다면 처음에 만나지도 않았을 것입니다. 그러면 왜 부부 사이에 이렇게 금이 가는 걸까요? 부부 사이에 불화의 영이 개입한 것입니다. 어떻게 생각하면 별것도 아닌 일인데, 그 일을 극복하지 못하고 꼼짝 못하고 있다면 영적인 공격 때문입니다. 이럴 때는 "우리 부부 사이를 공격하는 불화의 영은 떠날지어다!" 하고 기도해야 합니다. 불화의 영을 내쫓아야 합니다.

　만약 질병이 나를 끝까지 불편하게 만들며 내 발목을 붙잡는다면 "병마는 떠나갈지어다!" 하고 기도해야 합니다. 병마는 질병을 가져오는 악한 권세입니다. 질병 때문에 불안한 마음이 있다면 그것은 병마 때문입니다. 모든 가능성을 갉아먹는 질병에 붙들려 있다면 기도하세요.

　미국의 감리교 목사이며 인도 선교사였던 스탠리 존스(Stanley Jones)는 87세에 중풍으로 온몸이 마비되었습니다. 미국에서 치료를 받는데 의사들이 "나이가 많아 회복하기 어렵습니다"라고 말했습니다. 이 말을 들은 그는 의사와 간호사들에게 "좋습니다. 그런데 부탁이 있습니다. 지금 이 시간부터 나를 보고 인사할 때, '안녕하세요?' 하지 말고 '스탠리 존스, 예수의 이름으로 일어나 걸어라!'라고 해 주세요" 하고 말했습니다.

다음 날 아침이 되었습니다. 의사가 그를 보고 "스탠리 존스, 나사렛 예수의 이름으로 일어나 걸어라!" 하고 인사해 주었습니다. 병원의 모든 사람이 그렇게 했습니다. 그때마다 그는 "아멘, 아멘, 아멘!" 했습니다. 그렇게 6개월이 지났습니다. 스탠리 존스는 선포한 대로 일어나서 자기 발로 병원을 걸어서 나갔습니다. 그리고 다시 인도로 가서 2년을 더 봉사하고, 90세에 하나님의 부름을 받았습니다.

아프면 병원에서 열심히 치료받아야 합니다. 그러나 그것을 넘어서는 것은 기도입니다. 경찰이 범죄를 수사하는데, 몸통인 핵심 인물은 못 잡고 그의 수족만 자른 채 수사를 종결하면 문제가 해결되겠습니까? 몸통은 또 다른 일을 일으킵니다. 마찬가지로 사람과 사건 속에 숨어서 문제를 일으키는 몸통은 사탄입니다. 그 적을 의식하고 물리쳐 달라고 기도해야 합니다. 보이지 않는 악한 권세는 우리를 점점 더 교묘하게, 다양한 방법으로 공격합니다. 그 본체를 잊어버리고 피상적인 것에만 붙들려 있으면 안 됩니다. 적을 의식하고 대적하고 내쫓을 때 기도의 능력이 있습니다. 그럴 때 악한 권세는 힘을 잃어버리고, 십자가의 권세로 결박을 당하고, 우리는 승리합니다.

"내가 너희에게 이르노니 속히 그 원한을 풀어 주시리라 그러나 인자가 올 때에 세상에서 믿음을 보겠느냐 하시니라"(8절)

예수님이 말씀하시는 "믿음"이란 무엇일까요? 어떤 일이 있어도 흔들리지 않고, 낙심하지 않고 끝까지 기도하는 의지입니다. 언제까지입니까? 주님이 다시 오시는 날까지입니다.

만약 예수님이 "내가 재림할 때 낙심하지 않는 기도의 용사를 볼 수 있겠느냐?" 하고 우리에게 물으신다면 뭐라고 답하겠습니까? "주님 다시 오실 때까지 저는 낙심하지 않고 끝까지 기도하는 사람이 되겠습니다" 이렇게 대답해야 합니다. 지금까지 낙심하고 멈추었다 할지라도 다시 기도의 자리로 나가야 합니다. 과부처럼 "하나님 아니면 나를 도울 분이 없습니다" 하는 겸손하고 절실한 마음으로, 끈질기게, 악을 분별하고 대적하면서 기도하면 능력 있는 기도의 사람이 되어 승리하게 될 줄 믿습니다.

기도

하나님 아버지.

주님 오시는 날까지 낙심하지 않고 기도하는 사람이 되겠습니다. 주님 오실 때까지 기도를 중단하거나 낙심하지 말고, 끝까지 기도하게 하소서. 능력 있는 기도를 하게 하소서. 우리의 기도가 과부의 기도, 끈질긴 기도, 악을 분별하고 쫓아내는 기도가 되게 하소서. 만약 기도가 중단되었다면 우리의 연약함을 불쌍히 여기시고, 다시 기도를 시작하게 도와주소서. 아멘.

† 기도하면서 낙심하는 세 가지 이유는 무엇인가요?

_____

_____

_____

† 능력 있는 기도의 세 가지 요소는 무엇인가요?

_____

_____

_____

† 현재 내 기도하는 모습은 어떠한가요? 능력 있는 기도의 사람이 되
기 위해 나에게 무엇이 필요할까요?

_____

_____

_____

Part 2

구약의 성도들은
이렇게 기도했습니다

07

어디로
가야 합니까

✦

창세기 12:1-4

1 여호와께서 아브람에게 이르시되 너는 너의 고향과 친척과 아버지의 집을 떠나 내가 네게 보여 줄 땅으로 가라

2 내가 너로 큰 민족을 이루고 네게 복을 주어 네 이름을 창대하게 하리니 너는 복이 될지라

3 너를 축복하는 자에게는 내가 복을 내리고 너를 저주하는 자에게는 내가 저주하리니 땅의 모든 족속이 너로 말미암아 복을 얻을 것이라 하신지라

4 이에 아브람이 여호와의 말씀을 따라갔고 롯도 그와 함께 갔으며 아브람이 하란을 떠날 때에 칠십오 세였더라

깨어 기도할 수 없겠느냐

"이 세상에는 단 하나의 빈곤이 있을 뿐이다. 그것은 기도의 빈곤이다."

고아들의 아버지로 불리는 조지 뮐러(George Muller)의 말입니다. 그는 수많은 고아를 기르면서 힘든 일이 닥치면 사람에게 부탁하지 않고 하나님께 기도했습니다. 하나님은 그의 기도를 들으시고 다 채워 주셨습니다. 그는 5만 번의 기도 응답을 받았다고 합니다. 그런 사람이 한 말인 만큼 생각할 거리를 던져 줍니다.

기도의 세 가지 유형

지금처럼 경제적으로 부유했던 시대가 있었을까요? 그런데 조지 뮐러의 말처럼 기도는 어느 때보다도 빈곤해졌습니다. 특별히 한국 교회의 기도 양은 엄청난 속도로 급감했습니다. 왜 이렇게 되었을까요? 여기서 우리는 기도의 목적에 대한 문제를 점검할 필요가 있습니다. 기도를 연구하는 사람들이 말하는 세 가지 기도 유형이 있습니다.

첫 번째 유형은 '소원 성취형'입니다. 내가 필요한 것을 하나님께 구하는 것입니다. 이들은 하나님의 뜻이 무엇인지는 묻지 않습니다. 아니, 알려고 하지도 않습니다. 좌우간 달라고만 합니다. 응답의 내용과 방법과 시간도 다 내가 정해 놓습니다. 원하는 내용을 토대로 목록을 작성하기도 합니다. 떼쓰는 어린아이와 같습니다. 원하는 대로 응답받으면 찬양하고, 전혀 다른 방향으로 흘러가면 실망하고 상처 입습니다. 일이 잘되면 내가 열렬히 기도했기 때문이라고 말합니다.

이런 유형의 특징이 새벽기도, 철야기도, 금식기도, 산기도, 신년축복기도 등 온갖 기도회에 참석하고 방법을 동원한다는 것입니다. 물론 이렇게 하는 기도가 잘못된 것은 아닙니다. 기도는 먼저 결핍에서 시작되기 때문입니다. 이렇게 절실하게 구하다가 은혜도 받고, 깨지기도 하고, 능력도 받습니다. 강력한 그리스도인으로 성장하기도 합니다.

그런데 이 기도의 약점은 무엇일까요? 이런 유형의 기도는 먹고살 만하면 열정이 식는다는 것입니다. 기도를 많이 해도 성품의 변화와 성숙이 거의 없습니다. 자기 요구만 하기 때문입니다. 이런 사람들의 신앙은 이기적이기 쉽습니다. 그래서 통계를 보면 국민소득이 1만 달러를 넘으면서 기도하는 성도의 숫자가 한번 꺾이고, 3만 달러가 넘으면 그 숫자가 급격히 감소합니다. 내일 먹을 것이 없고, 자녀들 학비를 낼 수 없을 때는 철야기도도 마다하지 않았는데, 이제는 그렇게 하지 않아도 되니까 기도가 식는 것입니다. 그래서 가난할 때는 기도하지만, 살 만하면 기도하지 않는 사람들이 정말 많습니다.

두 번째 유형은 '윤리형'입니다. 여기서 기도는 하나님 앞에서 나 자신을 비추어 보는 것입니다. 그래서 기도할수록 자신을 살피게 되고, 더 정결해지고, 성화됩니다. 히브리어로 기도를 나타내는 단어가 많은데 그중 '히트파레트'라는 말이 있습니다. '맑은 물에 자기 얼굴을 비추어 본다'는 뜻입니다. 기도는 하나님이라는 맑은 거울에 때 묻은 자신의 모습을 비추어 보는 행위라는 말입니다. 더 쉽게 말하면 기도란 내가 원하는 것을 달라고 떼쓰는 것이 아니라 잘못 산 것에 용서를 구하고, 말씀대로 살 수 있도록 도움을 요청하는 일이라는 것입니다.

돈이 없을 때는 돈만 많으면 좋을 것 같지만 가진 것이 많아질수록 하나님 앞에 책임과 과제도 많아집니다. 어떻게 써야 할지에 대한 지혜도 필요합니다. 권력도 그렇습니다. 힘이 많아지면 그 힘을 잘 쓰기 위한 지혜와 능력, 바른 자세가 필요합니다. 그러니 많이 가질수록 하나님의 도움이 있어야 합니다. 정결함과 분별력이 있어야 합니다. 하나님의 도움 없이 소유와 힘만 커지면 죄의 유혹에 쉽게 노출되고 교만해지기 딱 좋습니다. 그렇게 방탕하다가 파멸해 버리고 맙니다.

그러므로 우리는 언제 어느 때건 자신을 하나님의 거울 앞에 비추어 봐야 합니다. 하나님의 저울 앞에 서야 합니다. 기도를 통하여 '나는 오늘 어떻게 살았는가? 나는 지금 하나님 앞에 바르게 서 있는가? 내 삶에 부족한 것이 무엇인가?' 이것을 깊이 생각해 봐야 합니다. 하나님 앞에서 자신을 살펴보는 것이 기도의 중요한 요소입니다. 이런 기도를 많이 하는 사람은 성화의 길을 갑니다.

세 번째 유형은 '관계형'입니다. 이런 유형은 하나님과의 친밀한 관계를 최우선에 둡니다. 다시 말하면 이 유형의 사람들에게 기도는 하나님과의 거래도 아니고, 하나님 앞에서의 자기 성찰도 아닙니다. 단지 하나님과의 친밀함을 회복하고 누리는 것입니다. 이런 사람들은 종종 "기도하는 시간이 가장 즐겁다"고 고백합니다. 사랑하는 하나님을 사모하고 그분과의 친밀한 교제가 너무나 좋아서 그 보좌 앞으로 담대히 나아가는 것입니다. 은혜의 밀실로 들어가서 신령한 교제를 누리는 것이 관계적 기도입니다.

지금껏 한국 기독교의 기도는 '소원 성취형'에 치중되어 있었습니다.

물론 소원 성취형도 필요합니다. 그러나 세 가지 기도가 균형을 이루어야 합니다. 우리 가운데 기도의 지평이 넓어지기를 바랍니다.

분할성취 하시는 하나님

아브라함에게는 많은 어려움이 있었습니다. 아브라함의 아버지 데라는 우상을 만들던 사람입니다. 우상은 복을 비는 물건 아닙니까? 그런데 그런 데라에게 불행이 닥칩니다. 데라에게는 아브라함, 나홀, 하란 이렇게 아들이 셋 있었는데, 그중 막내 하란이 어느날 어린 아들을 하나 데리고 들어온 것입니다. 결혼하지 않은 형이 둘이나 있는데 동생이 사고를 쳤습니다. 어머니가 누군지도 모릅니다. 가문 체면이 말이 아닙니다. 설상가상 그 하란이 아버지보다, 형들보다 먼저 죽었습니다. 비극의 연속입니다.

데라는 충격을 받아 아들들을 결혼시킵니다. 그런데 또 문제가 발생합니다. 큰아들 아브라함이 자식이 없습니다. 당시 장자는 가문을 이어야 했기 때문에 보통 문제가 아니었습니다. 주변 사람들이 "신상(神像)을 만드는 사람이 그렇게 복이 없어서야 되겠느냐"고 손가락질합니다. 장사가 안 되는 것입니다. 결국 데라는 고향 갈대아 우르를 떠나 하란으로 갑니다. 그런데 거기서 데라가 죽습니다.

이제 맏아들 아브라함은 고민합니다. 어떻게 해야 하는가? 다시 돌아가야 하는가? 아니면 더 멀리 떠나야 하는가? 그때 하나님이 아브라함을 찾아오십니다. 그러면서 하신 말씀이 창세기 12장에 나옵니다.

"여호와께서 아브람에게 이르시되 너는 너의 고향과 친척과 아버지의 집을
떠나 내가 네게 보여줄 땅으로 가라"(1절)

고향과 친척 아버지 집을 떠나라고 했습니다. 우상을 섬기는 바벨론
에서, 복이 없다고 조롱당하는 현실 속에서 새로운 미래를 향해 떠나라
는 것입니다. 그런데 어디로 갑니까? 하나님이 보여 주시는 곳으로 가
라고 하십니다. 아브라함은 엄청난 모험을 하기로 결정합니다. 가나안
은 작은 동네가 아닙니다. 오늘날 팔레스타인 땅 전체를 말합니다. 만
약 지금 우리에게 "너는 남부지방으로 가라" 하면 갈 수 있겠습니까? 그
런데 하나님은 일단 떠나라고 하십니다. 아브라함은 갈 바를 알지 못하
고 고향을 떠나야만 했습니다(히 11:8).

세상에 이렇게 답답한 일이 있을 수 있을까요? 그가 할 수 있는 것
이 무엇이었을까요? 기도하는 것입니다. 어떤 기도를 했을까요? 아마
도 "어디로 가야 합니까?" 하는 기도를 가장 많이 했을 것 같습니다. 그
러다가 아브라함에게 한 가지 생각이 떠올랐습니다. 그것은 일단 목표
지점이 있어야 한다는 것입니다. 그래서 목표지점을 설정합니다. 당시
의 지도를 놓고 보면, 북쪽 하란에서 남쪽 팔레스타인으로 오는 길은
크게 두 가지입니다. 하나는 해변길(Via Maris)인데, 지중해를 끼고 쭉 내
려오면 됩니다. 바벨론에서 애굽까지 아주 시원하게 뚫린 길입니다. 주
변에 큰 도시들이 많고, 어려움이 없는 최고의 길입니다. 또 하나는 내
륙 깊숙이 잘 뚫린 왕의 대로(Kings Highway)가 있습니다. 이것도 좋은 국
도입니다. 그런데 아브라함이 이동한 경로는 이 길도 저 길도 아니었

습니다. 제3의 길, 두 길 가운데 난 험한 샛길을 택했습니다. 이 길은 위험한 산길이어서 말타기도 어렵습니다. 아브라함은 왜 하필 험한 길을 택했을까요?

"아브람이 그 땅을 지나 세겜 땅 모레 상수리나무에 이르니 그때에 가나안 사람이 그 땅에 거주하였더라"(6절)

아브라함은 세겜 때문에 그 길로 갔습니다. 세겜에는 예부터 조상들이 하나님을 섬기던 성소가 있었습니다. 아브라함의 생각은 아마도 이랬던 것 같습니다.

'가나안의 어디로 간단 말인가? 갈 곳이 분명하지 않으니 먼저 하나님께 예배할 수 있는 곳으로 가자. 거기서 예배하면서 그다음 길을 여쭈어 보리라.'

그래서 그는 세겜으로 갔습니다. 좋은 길 다 마다하고 산지로 나 있는 험한 길로 갔습니다. 그런데 그의 생각이 맞았을까요?

"여호와께서 아브람에게 나타나 이르시되 내가 이 땅을 네 자손에게 주리라 하신지라 자기에게 나타나신 여호와께 그가 그곳에서 제단을 쌓고"(7절)

제단을 쌓았다는 것은 여호와의 이름을 불렀다는 것이고, 하나님께 말을 걸었다는 이야기입니다. "하나님, 저를 도와주세요. 어디로 가야 합니까? 알려 주세요" 했다는 것입니다. 과연 그는 기대했던 대로 세겜에서 하나님을 만납니다. 그리고 응답을 받았습니다. 그 내용이 "네 자손에게 이 땅을 주겠다"는 것입니다. 아브람은 감격합니다. 그래서 또 결심합니다. 이제 그다음 목적지는 어디로 정해야 할까요? 아브라함은 이번에도 성소가 있는 곳으로 이동하자고 결심합니다.

> "거기서 벧엘 동쪽 산으로 옮겨 장막을 치니 서쪽은 벧엘이요 동쪽은 아이라 그가 그 곳에서 여호와께 제단을 쌓고 여호와의 이름을 부르더니"(8절)

벧엘도 세겜처럼 예부터 성소가 있던 곳입니다. 아브라함은 이번에도 "나는 성소를 향해 나가리라, 거기서 하나님이 뭔가 또 말씀해 주시겠지" 하며 이동합니다. 거기서도 제단을 쌓습니다. 항상 말씀을 의지하고 나아간 아브라함. 그는 어떻게 되었을까요? 그가 당도한 현장에서 하나님 말씀이 성취됩니다. 하나님은 그의 걸음마다 엄청난 복을 약속하시고, 아주 천천히 조금씩 이루어 주십니다. 이렇게 한 걸음씩 나가면 그만큼 하나님의 뜻을 이루시는 것을 신학 용어로 '분할성취'라고 합니다. 약속을 조금씩 분할해서 성취시켜 주시는 것입니다. 왜 화끈하게 이뤄 주시지 않을까요? 하나님의 능력이 부족해서일까요? 아닙니다. 약속이 조금씩 성취되는 것을 보고, 그 경험이 쌓이면서 믿음이 자라는 것입니다. 그것을 통해 약속의 확실성을 더 믿는 자로 성장시키시려는 것입니다. 작은 성취가 쌓여 큰 성취를 믿게 합니다. 작은 것에서 더 큰 것으로, 가까운 것에서 더 먼 미래의 약속을 믿게 됩니다. 그래서 나중에는 이 세상을 넘어서는 영원한 세계, 보이지 않는 것에 대한 믿음을 길러 가는 것입니다.

복의 근원이 되는 비결

아브라함은 왜 고향을 떠나려고 했습니까? 저 집안에는 소망이 없다고, 복이 없다고, 재수가 없다고 하는 사람들의 손가락질 때문이었습니다. 그 말이 맞습니다. 아브라함은 소망이 없는 인생이었습니다. 그러나 하나님은 그런 인생을 향해서도 소망을 가지고 계십니다. 아무 계획도 세울 수 없는 그의 인생에 계획을 세우고 계셨습니다. 아브라함은 복이 지지리도 없는 사람입니다. 그런데 하나님은 그를 복의 근원으로 만들겠다고 결심하셨습니다.

복 없는 사람이 복의 근원이 되는 비결은 무엇일까요? 그것은 하나님을 향하여 가는 것입니다. 왜냐하면 복의 근원이 하나님이기 때문입니다. 하나님을 향하여 말씀을 붙잡고 기도하며 갈 때 그는 복된 인생을 살게 됩니다. 갈 길을 모른다고 낙심하지 마세요. 아브라함처럼 "어디로 가야 합니까?" 하고 질문하면 됩니다. 그리고 하나님이 가르쳐 주시는 말씀을 따라서 가야 합니다.

저는 "어디로 가야 합니까?" 이런 질문은 청년 시절에나 하는 것이라고 생각했습니다. 40대가 지나면 안 해도 되는 줄 알았습니다. 그런데 웬걸, 평생을 해야 한다는 것을 깨닫고 있습니다. 60세가 넘은 지금도 묻고 있습니다. 오히려 과거보다 더 절실하게 질문합니다. 이 질문은 취직을 해야 하는 사람만 하는 질문이 아닙니다. 퇴직을 해야 하는 사람만 하는 질문이 아닙니다. 회사를 경영하는 사장님도 질문해야 합니다. 회사가 어려울 때만 묻는 것이 아닙니다. 잘될 때도 물어야 합니다. 아브라함은 75세에 이런 질문을 했습니다. 이 질문은 나그네 인생을 살아가면서 평생 해야 하는 것입니다.

가긴 가야겠는데, 어디로 갈지 모르는 사람들, 살긴 살아야 하는데 어떻게 살아야 할지 모르는 사람들이 너무나 많습니다. 그 자리에서 일어나 하나님을 향해 나가야 합니다. 직장을 계속 다녀야 하나 고민이 많습니다. 그럴 때 가만히 있으면 안 됩니다. 사람들의 말만 들어서도 안 됩니다. 하나님 앞에 나아가서 "어디로 가야 합니까?" 하고 기도해야 합니다. 학생도, 젊은 사람도, 중년도, 노인도 계속해서 이 질문을 해야 합니다. 내가 있는 그 자리, 도착한 그 자리가 최종 목적지가 아닙니다. 죽는 그 순간까지 다음 여정을 위해 질문해야 합니다. 질문하면서 한 걸음씩 내디딜 때 하나님이 역사하셔서 마침내 도착해야 할 곳으로 인도해 주실 것입니다.

하나님 아버지.

제자들을 향해 "깨어 기도할 수 없겠느냐" 탄식하신 주님의 음성을 우리 영혼에도 들려 주소서. 그 말씀에 응답하는 우리가 되게 하소서. 어디로 가야 할지 알지 못했던 아브라함이 "어디로 가야 합니까?" 간절히 기도하며 한 걸음씩 나아갔던 것처럼, 갈 바를 알지 못하는 우리가 주님께 기도하며 믿음의 길을 걸어가게 하소서. 아멘.

† 기도의 세 가지 유형은 무엇인가요? 나의 기도는 그중 어떤 부분에
  집중되어 있는지 이야기해 봅시다.

_____

_____

_____

† 아브라함의 신앙의 여정에서 성취되었던 것들을 정리해 봅시다. 복
  없는 사람이 복의 근원이 되는 비결은 무엇일까요?

_____

_____

_____

† 하나님이 조금씩 이루신 것 같았지만, 결국 도착해야 할 곳으로 인도
  해 주신 경험이 있다면 나눠 봅시다.

_____

_____

_____

08

하나님의 영광이
가장 중요합니다

✦

출애굽기 32:7-14

7 여호와께서 모세에게 이르시되 너는 내려가라 네가 애굽 땅에서 인도하여 낸 네 백
성이 부패하였도다

8 그들이 내가 그들에게 명령한 길을 속히 떠나 자기를 위하여 송아지를 부어 만들고
그것을 예배하며 그것에게 제물을 드리며 말하기를 이스라엘아 이는 너희를 애굽 땅
에서 인도하여 낸 너희 신이라 하였도다

9 여호와께서 또 모세에게 이르시되 내가 이 백성을 보니 목이 뻣뻣한 백성이로다

10 그런즉 내가 하는 대로 두라 내가 그들에게 진노하여 그들을 진멸하고 너를 큰 나
라가 되게 하리라

11 모세가 그의 하나님 여호와께 구하여 이르되 여호와여 어찌하여 그 큰 권능과 강한
손으로 애굽 땅에서 인도하여 내신 주의 백성에게 진노하시나이까

12 어찌하여 애굽 사람들이 이르기를 여호와가 자기의 백성을 산에서 죽이고 지면에서
진멸하려는 악한 의도로 인도해 내었다고 말하게 하시려 하나이까 주의 맹렬한 노를
그치시고 뜻을 돌이키사 주의 백성에게 이 화를 내리지 마옵소서

13 주의 종 아브라함과 이삭과 이스라엘을 기억하소서 주께서 그들을 위하여 주를 가
리켜 맹세하여 이르시기를 내가 너희의 자손을 하늘의 별처럼 많게 하고 내가 허락
한 이 온 땅을 너희의 자손에게 주어 영원한 기업이 되게 하리라 하셨나이다

14 여호와께서 뜻을 돌이키사 말씀하신 화를 그 백성에게 내리지 아니하시니라

깨어 기도할 수 없겠느냐

"세상 모든 사람은 하나님을 섬긴다. 야만인과 도둑들도 자기 나름대로의 하나님을 섬긴다. 그러나 그 하나님은 성경의 하나님이 아니라 자기가 상상한 하나님이다. 성경에 계시된 인격적인 하나님을 섬기지 않으면 하나님이라는 이름을 가진 우상을 섬기게 된다."

성 어거스틴의 말입니다. 사람은 그가 섬기는 하나님 만큼, 하나님을 인격적으로 만난 만큼 변한다고 합니다. 그러니까 우리가 올바른 인간이 되기 위해서는 진정한 하나님과 인격적인 관계를 맺어야 합니다. 진정한 하나님을 믿고, 그분과 인격적인 관계를 맺는만큼 변화하는 것입니다.

이것을 질문으로 옮겨 봅시다. 첫째, 나는 참 하나님을 믿고 있습니까? 둘째, 그분과 인격적인 관계를 맺고 있습니까? 셋째, 내 삶은 진정 하나님 안에서 변화했습니까? 이 질문에 어떻게 대답하겠습니까? 우리 신앙이 올바른 신앙이 되길 바랍니다. 그 신앙에서 나오는 올바른 기도를 할 수 있기를 바랍니다.

아론의 종교에 물든 시대

모세가 시내산에 올라갔습니다. 40일이 지나도 소식이 없자 백성들은 모세가 죽었다고 생각했습니다. 불안해진 그들은 자기들을 인도할 신으로 황금송아지를 만들었습니다. 급기야는 황금송아지를 두고 "이것이 애굽에서 우리를 인도하여 낸 신이다" 하면서 여호와 하나님이라고 이름을 붙이고, 그 앞에서 춤추며 예배했습니다. 이것을 보시고 하나님이 하신 말씀이 출애굽기 32장에 나옵니다.

"여호와께서 모세에게 이르시되 너는 내려가라 네가 애굽 땅에서 인도하여
낸 네 백성이 부패하였도다"(7절)

지금 이 사건은 분명한 우상숭배 사건입니다. 하지만 당시 이스라엘
백성들은 그것이 하나님을 섬기는 행위라고 생각했습니다. 금송아지더
러 하나님이라고 했으니 얼핏 맞는 말도 같습니다. 그러나 실제는 우상
을 섬긴 것입니다. 이렇게 금송아지를 섬기면서 하나님을 섬기는 줄 착
각하는 신앙을 '아론의 종교'라고 부릅니다.

이것은 이방 종교가 아닙니다. 1절에서 이스라엘은 '우리'라는 말을
세 번이나 반복합니다.

"백성이 모세가 산에서 내려옴이 더딤을 보고 모여 백성이 아론에게 이르러
말하되 일어나라 우리를 위하여 우리를 인도할 신을 만들라 이 모세 곧 우리를
애굽 땅에서 인도하여 낸 사람은 어찌 되었는지 알지 못함이니라"(1절)

당시 이스라엘 백성의 하나님을 향한 태도를 엿볼 수 있습니다. 그들
은 내가 하나님을 위해 존재하는 것이 아니라 하나님이 나를 위해 존재
해야 한다고 생각했습니다. 그런 하나님을 원했습니다. 결국 아론은 하
나님의 요구를 버리고 백성들의 요구를 들어주었습니다. 그러니까 아
론의 종교는 현세적인 복과 쾌락을 추구하고, 자기가 원하는 하나님을

깨어 기도할 수 없겠느냐

만들어 내고, 자기를 위해 하나님을 도구로 삼는 것입니다. 쉽게 말하면 짝퉁 기독교입니다.

아론의 종교가 왜 주목을 받을까요? 이 시대의 기독교가 아론의 종교에 물들고 있기 때문입니다. 백화점에 가면 소비자가 왕입니다. 고객들에게 쩔쩔매지요. 대기업도 소비자들의 불만에 민감합니다. 종교도 그렇게 되어 가고 있습니다. 교인들이 일종의 소비자, 고객이 되어서 교회에 와서 나를 위한 복음을 요구합니다. 교회와 목회자들은 아론처럼 교인들의 눈치를 보면서 하나님이 원하시는 신앙이 아니라 교인들의 입맛에 맞는 설교와 행사를 하고 있습니다. 그러다 보니 이 시대 성도들에게 몇 가지 문제가 생깁니다. 첫째, 참된 하나님이 아니라 하나님이라는 이름을 가진 우상을 섬길 수 있습니다. 둘째, 하나님을 인격적으로 만나지 않고 도구로 만들어 버릴 수 있습니다. 셋째, 믿음은 있고 신앙생활은 하는데 변화된 삶의 모습은 없습니다. 이것이 위험한 것입니다.

모세가 드린 세 가지 기도

이런 이스라엘을 바라보며 하나님은 분노하셨습니다.

"여호와께서 또 모세에게 이르시되 내가 이 백성을 보니 목이 뻣뻣한 백성이로다 그런즉 내가 하는 대로 두라 내가 그들에게 진노하여 그들을 진멸하고 너를 큰 나라가 되게 하리라"(9-10절)

하나님은 모세에게 엄청난 제안을 하십니다. 이스라엘 백성들을 다 없애 버리고, 모세와 새로운 계약을 맺으시겠다는 것입니다. 이 말은 "이제부터 너를 이스라엘의 새로운 조상으로 만들겠다, 너로부터 시작해서 다시 내 백성을 만들겠다"는 말입니다. 놀라운 제안이며 특혜입니다. 그런데 여기에 대하여 모세는 어떻게 응답했나요? "하나님이 그러시면 저야 황송하지요, 부족하지만 저를 새로운 민족의 조상으로 세워 주시면 진짜 하나님이 원하시는 모습을 보여드리겠습니다" 하지 않았습니다. 그는 그 제안을 거절했습니다.

그리고 모세는 하나님께 기도합니다. 이것이 유명한 모세의 기도입니다. 기도 내용은 셋으로 나뉩니다.

첫째, 모세는 하나님의 은혜를 붙잡는 기도를 합니다.

"… 여호와여 어찌하여 그 큰 권능과 강한 손으로 애굽 땅에서 인도하여 내신 주의 백성에게 진노하시나이까"(11절)

이스라엘 백성은 원래 대단한 사람들이 아닙니다. 악하고 약한 사람들인데, 하나님이 은혜로 당신의 백성을 삼으셨습니다. 그리고 큰 권능과 강한 손으로 출애굽시키셨습니다. 그런데 여기서 진멸하시면 지금까지 베푸신 은혜가 뭐가 됩니까? 모세는 그 은혜가 헛되지 않기를 원했습니다. 오직 하나님의 은혜를 붙들었습니다.

둘째, 모세는 하나님의 이름을 붙잡는 기도를 합니다.

깨어 기도할 수 없겠느냐

"어찌하여 애굽 사람들이 이르기를 여호와가 자기의 백성을 산에서 죽이고 지면에서 진멸하려는 악한 의도로 인도해 내었다고 말하게 하시려 하나이까 주의 맹렬한 노를 그치시고 뜻을 돌이키사 주의 백성에게 이 화를 내리지 마옵소서"(12절)

이 백성은 벌을 받아도 할 말이 없습니다. 그런데 이들이 벌을 받고 나면 애굽 사람들이 뭐라고 하겠습니까? "요란하게 구해 내더니 결국 산에서 죽이려던 것이었느냐?" 이렇게 하나님을 조롱할 것입니다. 그러면 주님의 이름이 뭐가 됩니까? 우리는 어찌되어도 상관없지만, 우리 때문에 하나님의 이름이 조롱을 당해서는 안 됩니다. 모세는 이렇게 하나님의 이름을 붙잡습니다.

셋째, 모세는 하나님의 약속을 붙잡는 기도를 합니다.

"주의 종 아브라함과 이삭과 이스라엘을 기억하소서 주께서 그들을 위하여 주를 가리켜 맹세하여 이르시기를 내가 너희의 자손을 하늘의 별처럼 많게 하고 내가 허락한 이 온 땅을 너희의 자손에게 주어 영원한 기업이 되게 하리라 하셨나이다"(13절)

하나님은 아브라함에게 "하늘의 별처럼, 바다의 모래처럼 네 후손을 많게 해 주마" 하고 약속하셨습니다. 그런데 지금 이스라엘을 진멸하신다면 이 약속은 뭐가 됩니까? 하나님의 성실하심이 무너지면 어찌합니까? 이렇게 모세는 하나님의 약속을 붙잡습니다.

모세는 하나님의 은혜, 하나님의 이름, 하나님의 약속에 누가 되지 않기를 바랄 뿐입니다. 지금 모든 민족이 하나님을 바라봅니다. 여호와 하나님이 누구이기에 이스라엘을 애굽에서 구하고 홍해를 건너게 하고 광야에 살게 하는가! 가나안으로 간다는데, 과연 그것이 가능할까? 이렇게 놀라운 기적과 능력으로 자기 백성을 인도하는 그들의 하나님은 도대체 어떤 신인가? 다 주목하며 관심을 가지고 바라보고 있는데 이스라엘이 진멸했다는 소식을 들으면 세상은 하나님이 자기 백성을 버리셨다고 생각할 것입니다. 그러면서 하나님을 오해할 것입니다. 하나님은 실패하신 분, 자기 백성을 사랑하지 않는 분이 될 것입니다. 이것은 결국 바로에게 최종 승리를 안겨 주는 꼴이 되는 것입니다.

수많은 민족이 여호와 하나님을 의심하고, 그분은 믿을 만한 신이 아니라고, 자기 백성을 구원할 능력이 없는 무능한 신이라고 결론짓는다면 이렇게 참담한 일이 어디 있겠습니까? 사실은 아니지요. 이스라엘은 죄가 많아서 망하는 것이고 하나님의 심판은 옳습니다. 그러나 세상은 그렇게 바라보지 않을 것입니다. 하나님을 오해할 것입니다. 거룩하신 하나님을 이해하지 못하기 때문입니다. 그렇게 되면 세상에서 누가 하나님을 믿고 존경하겠습니까? 자기 백성을 구원할 수 없는 무능한 신을 누가 신이라고 인정하겠습니까?

또한 그렇게 되면 하나님의 모든 약속은 거짓이 되고, 그분의 인자와 진실은 의심을 받고, 하나님은 세상에서 더 이상 높임을 받을 수 없습니다. 하나님의 이름이 완전히 땅에 떨어지게 됩니다. 이제 하나님은 그 이름을 세상에 내놓을 수 없습니다. 그야말로 체면을 구기는 것입니다. 그러므로 모세는 "하나님, 그러시면 안 됩니다, 하나님은 그런 분이 아니지 않습니까? 하나님은 높임을 받으셔야 하고, 온 세상으로부터 영광을 받으셔야 하고, 하나님이 하신 약속은 다 이뤄진다는 것을 만민에게 보여 주셔야 하지 않겠습니까?" 하고 기도했던 것입니다.

모세는 하나님의 명예, 하나님의 이름, 하나님의 영광을 위해 기도했습니다. 그는 철저히 하나님의 입장에서, 하나님만 생각하며 간곡히 기도했습니다.

"언제 이스라엘 백성들에게 자격이 있었습니까, 그들은 자격이 없습니다. 망해야 쌉니다. 그러나 하나님, 당신의 분노가 이 땅에 임하면 그 뒤에 올 결과를 생각해 주소서. 당신의 이름과 명예를 위해 이스라엘을 멸망시키지 말아 주소서.

이 기도에 대하여 하나님은 이렇게 응답하십니다.

"여호와께서 뜻을 돌이키사 말씀하신 화를 그 백성에게 내리지 아니하시니라"(14절)

모세의 기도 덕분에 이스라엘은 화를 면했습니다.

오직 하나님의 영광을 위하여

우리는 하나님의 영광보다는 내 영광을 우선하고, 내 이익을 앞세웁니다. '나 중심'의 신앙생활을 추구합니다. 이것이 아론의 종교입니다.

내가 불편하면 하나님의 뜻도 소용없습니다. 하나님이 목적이 아니라 수단이 되고 있습니다. 하나님을 예배하지 않고 필요할 때만 찾는 도구가 되었습니다. 이것이 이스라엘 백성들이 원했던 신의 모습이었습니다. 그들은 하나님더러 내가 원하는 신이 되어 달라고 했습니다. 알라딘의 요술램프쯤으로 여긴 것입니다. 하나님과의 인격적인 만남이 없어졌습니다. 선물에만 관심이 있고 선물을 주는 사람에게는 눈길조차 주지 않는 것과 같습니다. 기도도 우리의 목적을 이루는 수단이 되었습니다. 하나님이 우리의 종이 되었습니다.

그러나 모세의 기도는 하나님과 인간의 관계는 그 지속 가능성이 우리에게 있지 않다는 것을 알게 합니다. 우리가 하나님의 자녀가 되는 방법은 오직 그분의 신실하심과 관용과 용서에 달려 있습니다. 그래서 모세는 하나님의 이름이 온 세상에서 영광 받기를 위하여, 오직 그것만을 위해 기도한 것입니다. "하나님의 영광과 명예가 지켜질 수만 있다면 내 이름이 없어도 괜찮습니다, 실패해도 괜찮습니다, 아파도 괜찮습니다, 오직 하나님이 영광을 받으소서"라는 기도였습니다. 모세의 이 기도는 성경에 나온 모든 기도 중에서도 최고로 꼽힙니다.

하나님은 모세의 기도에 감동을 받으셨습니다. 제 생각에 하나님도 이 기도를 들으며 눈물을 보이셨을 것 같습니다. 하나님의 영광을 위해서 자기의 영광은 반납하고자 했던 모세. 그가 하나님을 기쁘게 했습니다. 마침내 하나님은 자신의 영광을 보여 주셨습니다. 또한 하나님의 영광을 모세에게 부어 주셨습니다. 그래서 사람들은 감히 모세의 얼굴을 쳐다보지 못할 정도였습니다. 눈이 부셔서 수건을 쓰고서야 모세를 바라볼 수 있었습니다. 이 사건 후에 하나님은 모세를 친구로 승격시켜 주셨습니다.

진정한 신앙이란 무엇입니까? 하나님이 주시는 그 무엇이 아니라, 하나님 자체를 사랑하는 것입니다. 정말 하나님 잘 믿고 싶습니까? 모세의 기도를 기억하세요. "내게 어떠한 유익이 있을지라도 주님께 영광이 되지 않는다면 저는 싫습니다, 제가 원하는 것은 오직 하나님이 영광을 받으시는 것입니다"라고 기도하는 성도가 되기를 바랍니다.

왜 시험에 듭니까? 자신이 영광을 받으려고 하기 때문입니다. 그러나 끝까지 하나님의 영광만 생각해야 합니다. 하나님의 영광을 가장 중요하게 여겨야 합니다. 이것이 올바른 신앙입니다. 하나님을 수단화하고 내 욕망을 위한 도구로 인식하는 것이 아니라, 나는 어떻게 되어도 좋으니 하나님은 영광을 받으셔야 한다고 여기는 것입니다. 그런데 요즘은 자기 영광을 위해 하나님의 영광을 우습게 아는 종교인들이 너무도 많습니다. 잘못된 것입니다. 하나님의 영광을 위해 내가 손해를 봐야 합니다. 오직 하나님께 영광이 된다면 내 모든 것을 내려놓을 수 있어야 합니다. 영광의 공식을 기억하기 바랍니다.

"만일 하나님이 그로 말미암아 영광을 받으셨으면 하나님도 자기로 말미암아

그에게 영광을 주시리니 곧 주시리라"(요 13:32)

하나님께 영광을 돌리세요. 그러면 하나님이 영광을 받으시고 나에게도 영광을 주십니다. 하나님의 영광을 도적질하지 마세요. 하나님께

영광을 돌리는 것이 나를 가장 영광스럽게 하는 것임을 잊지 않고 살기를 축원합니다.

기도 ━━━━━━━━━━━━━━━━━━━━━━━━━━━━━━━━━━━━━

하나님 아버지.

아론의 종교에 물들지 않게 하소서. 하나님이라는 이름을 가진 우상을 섬기는 일이 없게 하시고, 하나님을 도구로 만들려는 시도에서 벗어나게 해 주소서. 하나님의 영광이 가장 중요합니다. 참된 하나님, 인격적인 하나님을 만나게 하소서. 모세의 고백이 우리의 고백이 되게 하소서. 아멘.

† 참 하나님을 믿고 있는지 구별하기 위해 스스로에게 해야 할 세 가지
  질문은 무엇인가요?

_____

_____

† '아론의 종교'가 무엇인가요? 그와 관련한 이스라엘 백성의 문제는
  어떠한 것이었나요?

_____

_____

† 모세가 하나님께 드린 세 가지 기도의 내용은 무엇인가요? 모세처
  럼 하나님의 영광을 위해 자신의 것을 포기한 경험이 있다면 나눠
  봅시다.

_____

_____

09

잘 죽고 싶습니다

✦

사사기 16:28-31

28 삼손이 여호와께 부르짖어 이르되 주 여호와여 구하옵나니 나를 생각하옵소서 하나님이여 구하옵나니 이번만 나를 강하게 하사 나의 두 눈을 뺀 블레셋 사람에게 원수를 단번에 갚게 하옵소서 하고

29 삼손이 집을 버틴 두 기둥 가운데 하나는 왼손으로 하나는 오른손으로 껴 의지하고

30 삼손이 이르되 블레셋 사람과 함께 죽기를 원하노라 하고 힘을 다하여 몸을 굽히매 그 집이 곧 무너져 그 안에 있는 모든 방백들과 온 백성에게 덮이니 삼손이 죽을 때에 죽인 자가 살았을 때에 죽인 자보다 더욱 많았더라

31 그의 형제와 아버지의 온 집이 다 내려가서 그의 시체를 가지고 올라가서 소라와 에스다올 사이 그의 아버지 마노아의 장지에 장사하니라 삼손이 이스라엘의 사사로 이십 년 동안 지냈더라

깨어 기도할 수 없겠느냐

저는 수서교회 목사로서 교회와 성도들을 위해 늘 기도합니다. 어떻게 하면 수서교회가 교회의 사명을 완수할 수 있을까, 우리 성도들이 자기의 사명을 완수하게 할 수 있을까, 그래서 하나님 앞에 가서 칭찬을 듣는 사람들이 되게 할 수 있을까 생각하고 고민합니다. 그럴 때마다 하나님이 주시는 응답이 있습니다.

"수서교회는 내가 복을 준 교회이고, 성도들은 참으로 훌륭한 사람들이다. 능력도 있다. 일당백의 사람들이다. 그런데 그들이 가지고 있는 능력과 힘을 하나님 앞에서 제대로 사용하려면 어떻게 해야 하는지 아느냐? 아무리 능력이 많고 힘이 있어도, 스스로 원한다고 해도 그것을 사용할 수 없다."

"그러면 어떻게 해야 합니까?"

"기도해야 한다. 하나님을 바라보는 사람, 하나님의 눈으로 자기를 살펴보는 사람, 세상의 유혹을 이기는 사람만이 자기 능력을 발휘할 수 있다. 그러므로 너희 성도들이 불발탄이 되지 않도록, 하나님 앞에서 해야 할 일을 할 수 있도록, 해야 할 일을 하지 못하고 살아가지 않도록, 하나님 앞에서 아무것도 한 일이 없는 사람이 되지 않도록 수서교회를 기도하는 교회로 만들어라. 기도로 무장된 사람들만이 내가 맡긴 일을 완수할 수 있다."

그래서 저는 어떻게 성도들을 기도하게 만들 수 있을까 부담감을 갖고 고민합니다. 폭탄은 터져야 폭탄입니다. 폭탄이 자기 사명을 다하려면 터져야 할 곳에서 터져 주어야 합니다. 터지지 않으면 불발탄이 되고 맙니다. 마찬가지로 우리가 가진 잠재력도 적재적소에서 터져야 합니다. 많은 사람이 잠재력을 가지고 있습니다. 그런데 그것을 발휘하는 사람은 많지 않습니다. 불발탄 인생이 많습니다. 기도하지 않아서 그렇습니다. 기도하지 않는 인생은 아무리 많은 것을 가지고 있어도 다 발휘할 수가 없습니다.

삼손, 이 시대의 기독교인들

삼손은 사사기에 등장하는 열두 명의 사사 중 마지막 인물입니다. 당시에 이스라엘은 네 가지를 반복했습니다. '범죄-고통-부르짖음-구원'입니다. 이스라엘을 괴롭힌 족속이 많지만 그중에서 가장 강한 족속이 블레셋입니다. 다윗 왕 때에 가서야 완전히 제거했으니 얼마나 강한 사람들인지 모릅니다. 당시 이스라엘은 청동기시대를 벗어나지 못했는데, 이미 철기를 사용했던 강국이었습니다.

그렇게 강한 나라로부터 이스라엘을 구원하기 위해 하나님이 보내신 사람이 사사였고, 그중에서도 강하기로 손꼽히던 사람이 삼손입니다. 삼손은 '작은 태양'이라는 뜻입니다. 민족을 구원하는 등불이라는 의미입니다. 삼손은 이스라엘을 영적으로 깨우는 사명을 가지고 있었습니다. 삼손은 백성들을 향해 "우리는 하나님의 백성이다, 죄 때문에 무력해졌지만 우리가 하나님께 은혜를 받으면 적을 이길 수 있다" 이렇게 하나님의 백성이 희망을 잃지 않도록 하는 사명이 그에게 있었습니다.

삼손 이야기는 사사기 13-16장으로, 이 정도의 분량은 노아, 아브라

깨어 기도할 수 없겠느냐

함, 이삭, 야곱, 요셉, 모세, 다윗, 솔로몬 정도입니다. 그의 기록이 네 장이나 된다는 것은 대단한 것입니다. 그러나 이것은 성공 보고서가 아니라 실패 보고서입니다. 아름다운 믿음의 업적이 아니라 얼마나 하나님을 실망시켰는가에 대한 반성적 기록입니다. 그러니 사사기가 말하는 삼손의 기록은 그를 닮으라는 얘기가 아니라, '결코 삼손을 본받지 말라, 삼손처럼 살아서는 절대로 안 된다'는 경고입니다.

삼손은 정말 엄청난 축복을 받고 태어났습니다. 나실인 출신에 경건한 부모가 있었고 외모도 출중했습니다. 사람의 마음을 사로잡는 카리스마도 지녔습니다. 더구나 삼손처럼 성령이 강하게 임재하여 함께해 주신 사람도 드물 것입니다. 요즘 말로 금수저입니다.

그런데 그는 별로 큰일을 하지 못했습니다. 구원자로 선택받은 사사지만 민족의 힘을 규합하거나 블레셋을 타도하려는 조직적인 시도를 해 본 적이 없습니다. 그가 민족적 자존심을 세워 준 적이 있나요? 사사로서 전쟁에서 승리해 본 적이 있나요? 없습니다. 그는 자신의 엄청난 힘을 대부분 여자들과 어울리며 음행을 즐기느라 낭비했습니다. 수많은 기회가 있었지만 다 날렸고, 여러 번 중요한 경고가 있었지만 다 무시했습니다. 결국에는 적들에게 잡혀 포로가 되어 이방 신전에서 맷돌을 돌리는 짐승의 신세, 노리개의 처지가 되었습니다. 가장 큰 기대를 받고 출생했지만 가장 비참한 결과를 가져온 인생, 그것이 삼손의 일생입니다.

그런데 왜 사람들은 삼손의 이야기를 좋아할까요? 우리 속에 삼손의 성향이 들어 있기 때문입니다. 정말 강했으나 의외로 취약했던 사람, 유혹에 약한 사람, 거룩을 지켜야만 자기 일을 감당할 수 있는데 그렇게 하지 못한 사람, 기대를 받았으나 그 기대에 부응하지 못하고 오히려 죄 가운데 빠져서 주어진 능력을 다 사용하지 못했던 삼손의 성향이 우리에게도 들어 있기 때문입니다.

C.S. 루이스(C.S. Lewis)는 "삼손은 이 시대 기독교인들의 모습이다"라고 말했습니다. 우리는 이 말을 잘 생각해 봐야 합니다. 오늘날 내 모습이 삼손과 같지는 않습니까? 한국 교회가 머리 깎인 삼손이 되어 세상으로부터 조롱당하고 있지는 않나요? 실제로 지난 몇 년간 코로나19 상황에서 한국 교회는 이 모양 저 모양으로 조롱을 당하고 있습니다.

삼손의 인생이 왜 이렇게 엉망이 되어 버렸을까요? 그는 자기 욕심을 제어하지 못했습니다. 그는 하나님이 주신 경계선, 나실인으로서 지켜야할 선을 무시하고 금지된 선을 넘나들었습니다. 하지 말라는 것만 안 해도 인생이 편한데, 그는 해서는 안 되는 일을 너무 많이 했습니다. 바람기 다분한 기질이 있던 그는 여자들과 불장난을 했습니다. 그러다가 자기 몸이 다 타 버리고 말았습니다.

그는 들릴라를 아름다운 여자라고만 생각했습니다. 그러나 단순한 여자가 아니었습니다. 어둠의 권세이며, 그를 넘어뜨리려는 사탄의 덫이었던 것입니다. 경건한 부모는 그에게 수없이 조언을 했지만, 그는 귀를 기울이지 않았습니다. 자기가 강했습니다. 그가 가장 많이 한 말이 "내가"입니다. 그는 "나귀의 턱뼈로 한 더미, 두 더미를 쌓았음이여 나귀의 턱뼈로 내가 천 명을 죽였도다"(삿 15:16)라고 말하면서 누구의 말도 듣지 않고 자기 고집을 따라갔습니다. 자기의 총명을 과대평가했습니

깨어 기도할 수 없겠느냐

다. 그는 지나치게 자기 힘을 믿었고, 그래서 적들은 자기보다 더 교활하고 끈질기다는 것을 놓치고 말았습니다.

마지막 소원, 잘 죽기를!

종합하면, 삼손의 치명적인 약점은 자기중심적이었다는 것입니다. 자기의 힘과 장점을 하나님과 민족을 위해 사용하지 못했습니다. 하나님이 주신 힘을 잘 활용했다면 대단한 업적을 남겼을 것입니다. 그러나 불행하게도 그는 시간과 능력을 낭비했습니다. 육체의 욕망을 따라가다가 하나님의 영을 떠나보내고 무능한 자가 되어 두 눈이 뽑힌 채 적들의 광대로 전락하게 됩니다.

삼손은 감옥 속에서 무슨 생각을 했을까요? 죄의 무서움과 비참함을 뼈저리게 느꼈을 것입니다. 그제야 삼손은 통곡하고 회개합니다. 그에게 새로운 희망이 생겨납니다. 머리털이 다시 자라기 시작한 것입니다. 사실 이게 특별할 일은 아닙니다. 누구나 머리털을 깎으면 머지않아 새로운 머리카락이 자랍니다. 그러나 삼손에게 있어 머리카락은 특별했습니다. 하나님과 그와의 관계를 나타내는 상징이었습니다. 그런 머리카락이 다시 나고 있으니 얼마나 반가웠겠습니까? 볼 수도 없습니다. 그것은 손으로 만져지는 하나님의 함께하심의 역사였습니다. 그는 '아, 다시 머리카락이 나기 시작하는구나, 하나님이 이 죄인을 완전히 떠나지 않으셨구나!' 하며 통곡했습니다. 그에게 하나님의 위로가 임했습니다. 그는 하나님 앞에 더 가까이 나가게 됩니다.

그때 블레셋에는 축제가 한창이었습니다. 같은 신을 모시는 사람들끼리 모든 도시가 함께 연합해서 축제를 벌였습니다. 후대에 올림픽의 기원이 되는, '암픽티오니'라고 하는 부족 동맹 축제입니다. 그들은 매년 혹은 몇 년에 한 번씩 성대한 모임과 축제를 했습니다. 자기들이 모시는 신의 승리를 기원하고, 그 신을 높이고, 단결을 과시했습니다.

이번에는 다른 때보다 더 기쁜 축제가 되었습니다. 20년 가까이 그들의 원수였던 삼손이 잡혔기 때문입니다. 앓던 이가 빠진 것처럼 시원했습니다. 그가 여호와 하나님을 말하면서 자기들을 칠 때마다 대책도 없이 당했는데, 그를 사로잡고 눈을 빼고 쇠사슬로 묶어 두었으니 얼마나 좋았겠어요? 그들은 외쳤을 것입니다.

"이것은 우리 신의 승리이다. 다곤 신이 여호와 하나님을 이긴 것이다. 삼손을 데려다가 신전에서 짐승처럼 놀리자. 그래서 그가 믿는 여호와 하나님이 별것 아님을 보여 주자. 삼손과 그의 하나님을 뭉개 버리자. 저러고도 하나님의 사람이라니, 사사라니, 하나님도 한심하구나. 저 꼴 좀 보라."

그러면서 하나님을 조롱하고, 자기들의 승리를 자축하려고 계획했습니다. 그것을 알고 삼손은 괴로워했습니다.

"나 때문에 여호와의 이름이 적들에게 조롱을 당하다니! 하나님의 살아 계심을 증거해야 할 내가 이런 꼴이 되었구나!"

삼손은 하나님을 조롱하며 이스라엘을 짓밟는 자들을 향해 분노했습니다. 그리고 마지막이 되어서야 정신을 차리고 제대로 기도했습니다.

깨어 기도할 수 없겠느냐

"삼손이 여호와께 부르짖어 이르되 주 여호와여 구하옵나니 나를 생각하옵소

서 하나님이여 구하옵나니 이번만 나를 강하게 하사 나의 두 눈을 뺀 블레셋

사람에게 원수를 단번에 갚게 하옵소서 하고"(28절)

삼손은 이렇게 기도하면서 "블레셋 사람과 함께 죽기를 원하노라"
(30절)라고 했습니다. 블레셋 사람들 다 망하게 하고 나는 잘살게 해 달
라는 게 아닙니다. 그는 하나님의 영광을 위해 마지막으로 죽게 해 달
라고 간청했습니다.

"제가 이스라엘의 사사로서 하나님 앞에서 마지막으로 해야 할 일이
무엇입니까? 주님, 그것을 하고 죽기를 원합니다. 마지막 한 번만이라
도 하나님을 기쁘시게 하고, 사사로서 자기 사명을 다하고 죽고 싶습니
다. 저에게 마지막으로 그 일을 할 수 있는 기회를 주소서."

삼손의 기도가 참 처절하게 들립니다. 그런데 그의 이 같은 기도가
끝나자 신전이 무너졌습니다. 그 안에 있던 사람들이 다 죽었습니다.
블레셋 모든 방백, 하나님을 조롱하던 모든 사람이 죽었습니다. 삼손이
기도함으로 하나님의 살아 계심을 보여 주었습니다. 그가 평생에 죽인
사람보다 이때 죽인 원수가 더 많았습니다. 인생을 역전시킨 것입니다.
우리가 지금까지 어떻게 살아왔다 할지라도, 비록 잘못 살아왔다 할지
라도, 마지막에 이런 기도를 드릴 수 있다면, 마지막 이 기도에 내 생
명을 걸 수만 있다면, 이런 처절한 기도와 함께 죽기를 원한다면 역사
는 일어납니다.

"하나님, 내 맘대로 내 욕심을 따라 살았습니다. 그래서 하나님이 주

신 소명을 잃어버리고, 죄악과 더불어 살며, 나 중심적으로 살았습니다. 나를 통해 이루시려는 하나님의 뜻을 많이도 배반하고, 하나님을 슬프게 했습니다. 주신 기회를 너무나 낭비했습니다. 이제 저에게는 시간이 없습니다. 이제는 주님께 가야 합니다. 이제 내가 마지막으로 무엇을 해야 할까요? 하나님 어떻게 죽어야 할까요? 내가 마지막에 주를 위해서 할 수 있는 일이 무엇일까요? 그 일에 나를 헌신하게 하소서. 마지막 힘을 다해 그 하나를 이루고자 합니다. 마지막으로 제물이 되기 원합니다."

삼손의 역전승은 무엇을 통하여 이뤄졌을까요? 부르짖는 기도입니다. 삼손은 부르짖는 기도를 통하여 인생을 역전시켰습니다. 이 처절한 기도와 함께 새 역사가 일어났습니다.

삼손이 마지막에 이 기도를 못 했다면, 그는 인생을 어떻게 마무리했을까요? 너무도 비참한 인생이 되었을 것입니다. 제대로 된 기도가 그의 인생을 역전시킨 것입니다. 내가 지금 어떤 상황에 있든지 이것을 뒤집을 역전의 기도는 남아 있습니다. 우리가 지금까지 믿음으로 온전히 살지 못했다 해도, 죄에 대해 상한 심령으로 하나님께 나아가면 하나님은 역전의 은혜를 베푸실 것입니다.

그러므로 내 인생이 아무리 초라해도 죽기 전에 반드시 삼손의 기도를 해야 합니다. 모든 사람이 죽음을 앞두고 "하나님이여, 잘 죽고 싶습니다" 하고 기도할 수 있다면 얼마나 좋을까요? 끝까지 불발탄으로 남지 않고 마지막에 하나님을 위해 터질 수 있다면 얼마나 좋겠습니까? 삼손의 기도를 이 시대의 교회와 성도들이 회복하기를 축원합니다.

깨어 기도할 수 없겠느냐

기도

하나님 아버지.

"잘 죽고 싶습니다" 하는 삼손의 간절한 기도가 우리의 기도가 되게 하소서. 자기중심적으로 살면서 하나님의 뜻을 배반하고 받은 은혜를 낭비하였다 할지라도, 지금 내가 주를 위해 할 수 있는 일이 무엇인가 묻게 하시고 그 일에 나를 헌신하게 하소서. 하나님의 뜻을 향한 제대로 된 기도를 통해 역전의 은혜를 맛보게 하소서. 아멘.

† 삼손은 어떤 삶을 살았나요? 삼손의 인생이 불발탄이 된 이유는 무
  엇인가요?

_____

_____

_____

† 삼손의 마지막 기도는 어떤 내용이었나요?

_____

_____

_____

† 인생의 마지막 기도를 하게 된다면 어떠한 기도를 하고 싶은지 나
  눠 봅시다.

_____

_____

_____

10

기도를 쉬는 것은
죄입니다

✦

사무엘상 12:19-25

¹⁹ 모든 백성이 사무엘에게 이르되 당신의 종들을 위하여 당신의 하나님 여호와께 기
도하여 우리가 죽지 않게 하소서 우리가 우리의 모든 죄에 왕을 구하는 악을 더하
였나이다

²⁰ 사무엘이 백성에게 이르되 두려워하지 말라 너희가 과연 이 모든 악을 행하였으
나 여호와를 따르는 데에서 돌아서지 말고 오직 너희의 마음을 다하여 여호와를
섬기라

²¹ 돌아서서 유익하게도 못하며 구원하지도 못하는 헛된 것을 따르지 말라 그들은 헛
되니라

²² 여호와께서는 너희를 자기 백성으로 삼으신 것을 기뻐하셨으므로 여호와께서는 그
의 크신 이름을 위해서라도 자기 백성을 버리지 아니하실 것이요

²³ 나는 너희를 위하여 기도하기를 쉬는 죄를 여호와 앞에 결단코 범하지 아니하고 선
하고 의로운 길을 너희에게 가르칠 것인즉

²⁴ 너희는 여호와께서 너희를 위하여 행하신 그 큰 일을 생각하여 오직 그를 경외하며
너희의 마음을 다하여 진실히 섬기라

²⁵ 만일 너희가 여전히 악을 행하면 너희와 너희 왕이 다 멸망하리라

깨어 기도할 수 없겠느냐

어느 집사님이 제게 질문했습니다.

"목사님은 뭐가 제일 무서운가요? 질병, 가난, 죽음, 아니면 어떤 것?"

저는 망설이지 않고 대답했습니다.

"기도가 막힐 때, 내가 기도하지 않을 때입니다."

그분은 이유를 물었습니다. 저는 이어서 말했습니다.

"기도하지 않으면 홀로 있다는 느낌이 들고, 무장해제 당한 느낌입니다. 기도하지 않으면 빈 공간이 생겨서 두려워지고, 허해져서 다른 것으로 채우려고 합니다. 그래서 하나님 아닌 다른 것을 붙잡게 되지요. 예를 들어 돈을 의지하거나, 사람이나 권력을 의지하기도 합니다. 어쨌든 기도하지 않으면 하나님이 아닌 것에 집착하게 됩니다. 중심을 잃는 거지요. 기도란 하나님을 향해 마음을 열고, 하나님을 붙잡는 것입니다. 그래서 하나님 안에서 중심을 잡게 해 줍니다.

기도는 하나님의 눈으로 보게 해 줍니다. 자녀가 속을 썩일 때 기도하지 않으면 마음이 천근만근 무거울 수 있습니다. 그러나 기도하면 모든 것을 하나님의 눈으로 보게 됩니다. 두 가지는 전혀 다른 것입니다. 하나님의 눈으로 문제를 바라보면 뭐가 큰 문제가 되겠습니까? 하나님이 보실 때 큰 문제가 있나요? 기도하면서 하나님을 붙잡으면 문제도 해결되지만, 하나님을 알게 되고 가까이 사귀게 됩니다. 그러나 하나님을 놓치면 반드시 다른 것을 붙잡게 되고, 이것은 허무나 파멸로 가는 기회가 됩니다. 그러므로 위기가 문제가 아니라, 위기 때 기도하지 않고 중심을 잃는 것이 문제입니다.

사울이 왜 범죄했을까요? 하나님을 붙잡아야 하는데, 붙잡지 않으니까 초조와 불안이 임했습니다. 눈에 적들이 보이는데, 기다릴 수가 없습니다. 내 앞의 적들을 보며 평안할 수가 없지요. 그래서 제사장만 드릴 수 있는 제사를 드리고 버림을 받습니다. 이스라엘 백성들이 왜 금송아지를 만들었나요? 마음이 하나님을 떠나니까 불안해서 만든 것입니다. 하나님 이외의 것, 내게 위로를 줄 수 있다고 생각하는 것을 붙잡으려고 했던 것입니다. 존재자를 놓쳤으니 존재물을 붙잡는 것입니다. 공통점은 하나님을 놓쳤다는 것이지요.

그러나 기도가 잘되면 강력한 보호막이 나를 둘러 진을 친 것 같습니다. 주님과 함께 있는데 뭘 더 바랄 것이 있겠어요? 세상이 알 수도 없고, 줄 수도 없는 평안을 누립니다. 그리고 할 일이 보이고, 감당할 수 있습니다. 사람들이 너무나 무뎌져서 기도하지 않고도 잘 살아갑니다. 그러나 기도가 없으면 신앙인답게 살 수 없지요. 바라기는 집사님도 기도하지 않으면 불안한 영혼이 되기를 바랍니다."

이렇게 이야기했더니, 그분이 좀 더 오래 기도할 수 있는 방법을 물어 왔습니다. 저는 이렇게 말했습니다.

"기도를 좀 더 길게 하려면 아주 좋은 방법이 있습니다. 기도는 하고 싶은데 기도가 나오지 않을 때는 주기도문을 천천히 외우세요. 그러면서 마음에 와 닿는 부분이 있으면 몇 마디 보태는 것입니다. 마르틴 루터는 '주기도문을 따라 기도하다 보면 내 기도가 성장해 간다, 그러므로 내 감정과 기분에 따라 기도하지 말고 주기도문을 따라서 기도해 보라'고 했습니다.

예를 들어 '일용할 양식을 주소서'라고 기도하는 부분에서는 양식에 대해 기도합니다. '하나님 나에게도 먹을 양식을 주소서, 어떤 음식을 먹어야 할지 알게 하소서, 내 주변의 어려운 이웃에게도 일용할 양식을 주소서, 아무개의 삶이 참 어려운데 어떻게 도와야 할지 가르쳐 주소서, 내 이웃 중에 굶는 사람이 없게 하시고 있다면 알게 하소서, 내 것을 이웃과 나눌 수 있는 마음도 주소서, 그래서 하나님의 풍요가 흘러가게 하소서'라고 기도하는 것입니다.

마르틴 루터는 이렇게 단어를 중심으로 그와 연결된 기도를 충분히 했습니다. 또 '죄를 용서해 주소서'라고 기도하는 부분에서는 '하나님, 나를 용서하소서, 내가 이런 죄를 지었습니다' 하면서 자기의 죄를 다 고백하며 철저히 회개 기도를 했습니다. 또한 내가 용서할 사람의 이름을 열거하고 그들의 잘못을 말하면서 내가 그것을 용서하겠다고 기도했습니다. 용서가 되지 않을 때는 '용서해야 하는데 용서가 되지 않으니 용서할 힘을 주소서' 하고 기도했습니다. 그리고 나와 가정, 공동체를 위해 기도할 때도 용서가 풍성해지기를 위해 기도했습니다.

이렇게 기도하면서 마르틴 루터의 기도가 얼마나 풍성해졌는지, 그는 '내 기분과 감정을 넘어서서 하나님의 뜻에 맞게 충분히 성숙한 기도를 할 수 있었다'고 말했습니다. 앵무새처럼 빨리 외려고 하지 말고, 구절마다 그 속에 내 마음을 담아 내 기도를 만들어 가면 됩니다. 이렇게 하루에 몇 번씩 하다 보면 시간이 지나면서 기도의 문이 활짝 열릴 것입니다."

사무엘의 기도 신학

사무엘상 12장은 사무엘의 은퇴식 연설입니다. 더 정확하게 말하면 권력을 사울에게 넘겨주면서 하는 말입니다. 아주 어려운 설교지요. 이스라엘 백성들과 새롭게 세워지는 왕과 하나님과의 관계를 어떻게 설정할 것인가에 대해 말해 주는 내용입니다.

사무엘은 먼저 백성들에게 묻습니다.

"내가 너희를 다스리면서 잘못한 것이 있느냐? 권력을 가지고 누구를 속이거나 빼앗은 것이 있느냐? 뇌물을 받은 적이 있느냐?"

"없습니다. 속이지도 않고 압제하지도 않았습니다."

"확실하지?"

"확실합니다."

사무엘이 이런 말을 왜 했을까요? 약간 유치하게 들릴 수도 있습니다. 자기의 지도력에 아무 문제가 없었다는 것, 자기가 지도자로서 아무 결점이 없었다는 것을 확인하려는 것입니다. 그런데도 이스라엘 너희는 왜 왕을 구했느냐는 것입니다.

그다음에는 이스라엘의 역사를 말합니다. 하나님이 모세와 아론을 세워 출애굽을 시키셨고 광야를 지나 가나안을 정복하고 지금 이 땅에 정착했다고 말합니다. 이 땅에서 하나님을 잊어버리고 범죄 했을 때에도 하나님은 그들이 부르짖을 때 구원하셨습니다. 역사가 증명하듯이 하나님은 이스라엘을 언제나 구원하셨습니다. 하나님은 구원의 손길을 거두신 적이 없습니다. 그런데도 이스라엘은 이방 왕을 보고 자기들도 왕을 달라고 했습니다. 하나님이 계시니 인간 왕은 필요 없는데, 이스

깨어 기도할 수 없겠느냐

라엘이 그리 했습니다. 이것이 선합니까, 악합니까? 사무엘은 지금 그 증거를 보이겠다고 합니다.

이스라엘의 기후는 밀을 벨 때는 비가 결코 오지 않습니다. 그러나 큰 비가 왔습니다. 너희가 왕을 구한 것은 확실히 잘못이라는 것을 알라는 것입니다. 이스라엘은 사무엘에게 말합니다.

"우리가 잘못했으니 죽지 않도록 기도해 주십시오. 지금까지도 죄가 많은데, 왕을 구하는 죄까지 더했습니다."

그러자 사무엘이 답합니다.

"두려워 말라. 하나님이 왕을 주신다. 그러나 잊지 말아라. 오직 여호와를 섬겨라."

그런데 여기에서 문제가 발생합니다. 하나님과 이스라엘은 어떤 관계입니까? 하나님은 왕이고, 이스라엘은 그분의 백성입니다. 그런데 새로운 왕이 생깁니다. 하나님이 그들의 왕이 되고, 그들은 하나님의 백성이 되리라고 약속하신 것은 계속 유효한가요, 아니면 취소된 걸까요? 눈에 보이는 왕을 세웠기 때문에 하나님과의 언약은 파기되는 겁니까? 상당히 혼란스러울 수 있습니다. 왜냐하면 이스라엘 백성들은 하나님의 백성이라는 독특성을 가지고 있기 때문입니다. 하나님의 백성들인데, 하나님이 왕인데, 또 세상의 왕이 있다니!

결국 사무엘이 하고 싶은 말은 무엇입니까? 정치 시스템이 아무리 변해도 하나님과 이스라엘의 관계는 변함이 없다는 것입니다. 다시 말하면 세상의 어떤 정치 시스템이 들어오고, 또 어떤 왕이나 지배자가 등장한다고 해도 이스라엘과 하나님의 관계는 흔들리지 않는 진정한 왕과 백성 사이라는 것입니다. 그러니 하나님께 순종하라는 것입니다. 세상이 어떻든 그들의 삶은 하나님의 손에 달려 있습니다. 왕들은 변할 수도 있고 정치 시스템은 바뀔 수 있습니다. 그러나 그것은 도구와 수단일 뿐이지, 이스라엘의 진정한 왕은 하나님이십니다.

우리 식으로 말하면 우리가 어느 나라에서 살든지, 어느 당의 누가 대통령이 되든지, 나라 정치체제가 바뀌든지 우리의 진정한 왕은 하나님이시라는 것입니다. 내 삶의 인도자와 보호자는 하나님이십니다. 그것을 잊지 말라는 것입니다. 세상에 아무리 왕이 많아도 그들은 하나님의 도구일 뿐입니다. 하나님의 백성을 인도하고 구원하고 다스리는 분은 오직 하나님 한 분뿐입니다. 그 하나님을 바로 섬기고 그분께 순종해야 합니다. 그럴 때 하나님도 우리를 끝까지 돌보고 사랑하십니다.

이때 사무엘이 유명한 말을 남겼습니다.

"나는 너희를 위하여 기도하기를 쉬는 죄를 여호와 앞에 결단코 범하지 아니하고…"(23절)

사무엘은 이스라엘을 위해 어떤 기도를 쉬지 않겠다는 말일까요? 그들을 위해 어떤 기도를 하겠다는 것일까요? "진정한 왕은 하나님이라는 것을 잊지 않게 하소서, 우리는 그의 백성이며 그분께 순종할 때 하나님이 내 삶을 책임지신다는 것을 결코 잊지 않게 하소서, 이스라엘이 하나님 앞에서 자기 정체성을 지키게 하소서" 하는 기도입니다.

평생 우리가 기도할 제목이 이것입니다. 내가 어디서 무엇을 해도,

깨어 기도할 수 없겠느냐

잊지 않고 기도할 제목은 하나님이 나의 왕이시며 구원자라는 사실입니다. 내 자녀를 위해 평생 기도할 것도 건강하고, 돈 잘 벌고 하는 것이 아닙니다. 우리는 "내 자녀가 하나님 백성으로서의 자기 정체성을 잊지 않게 하소서"라고 기도해야 합니다.

사무엘은 이런 기도의 신학을 어디서 배웠을까요? 어머니에게서 배웠습니다. 사무엘의 어머니는 한나입니다. 한나에게는 아이가 없었습니다. 그래서 하나님의 성전에 가서 울면서 기도했습니다. 그리고 그 응답으로 받은 아기가 사무엘입니다. 그의 이름에는 '하나님이 들으셨다'는 의미가 들어 있습니다. 이 모든 일들을 사무엘이 몰랐겠습니까? '하나님은 내 어머니의 기도를 들으셨다. 내 어머니는 기도 없이는 살 수 없는 분이셨다. 기도를 쉬는 것을 죄로 여기셨다'는 것을 늘 염두에 두고 살았을 것입니다. 그래서 자신도 한평생 기도했고, 응답을 경험했습니다.

기도에 대해 이것보다 더 중요한 신앙은 없습니다. 이것이 우리의 고백이 되길 바랍니다. 나아가서 자녀에게 가르쳐야 합니다. "기도를 쉬는 것은 죄야, 기도하지 않으면 우리는 못살아" 하고 말해 주어야 합니다. 그래서 우리 자녀들이 나중에 성장했을 때 "우리 부모님은 기도를 쉬는 것을 죄로 여기셨다, 나도 그렇게 생각한다" 하고 고백할 수 있어야 합니다. 이것이 최고의 교육입니다.

기도하지 않는 것이 왜 죄인가

그렇다면 기도하지 않는 것이 왜 죄가 됩니까?

첫째, 하나님을 무시하는 것이기 때문입니다. 하나님은 우리와 기도를 통해 교제하기를 원하십니다. 그래서 기도로 초대하고, 응답을 약속하십니다. 그런데도 기도하지 않는 것은 하나님을 우습게 알고 무시하는 것과 같습니다. 기도를 못하는 이유를 물어보면 대부분 시간이 없다고 합니다. 그러나 생각해 보세요. 시간이 없어 기도를 못 한다고 하는 사람들도 자기가 좋아하는 일을 위해서는 시간을 냅니다. 자기가 좋아하는 음식을 먹기 위해서는 천리 길도 멀다 하지 않고 갑니다. 우리가 가진 것, 지금 누리고 있는 모든 것, 누가 주신 것입니까? 누가 주인입니까? 모든 것의 창조주시며 나에게 그 모든 것을 주신 하나님과 지낼 시간이 없다고, 바쁘다고 하는 게 가능합니까? 내 윗사람이 나를 좀 보자고 했는데, 시간이 없다고 안 간다면 그런 행동이 통할 수 있을까요? 이것은 하나님의 존재를 완전히 무시하는 처사입니다.

둘째, 기도하지 않으면 반드시 악의 힘에 굴복하게 되기 때문입니다. 기도하지 않는 것은 내 힘을 의지하는 것과 같습니다. 그러나 내 힘으로는 영적인 악을 이길 수 없습니다. 전쟁을 할 때는 반드시 '전략적 지점', 즉 가장 중요하다고 생각되는 지점에 주의를 집중해야 합니다. 그 지점을 확보하기 위해 가진 힘을 총동원해야 합니다. 승패가 거기에 달려 있기 때문입니다.

영적 전쟁에서도 마찬가지입니다. 기독교인에게는 승리를 결정지을 무기가 있다는 사실을 사탄은 알고 있습니다. 다른 것은 몰라도 그것만은 사용하지 못하게 하는 결정적 무기가 뭘까요. 기도입니다! 사탄은 성도들이 그 무기를 사용하지 못하도록 방해하기 위해 최선을 다합니다. 그래서 기도하지 못하게 합니다. 교회도 다니게 하고, 말씀도 배우게 하지만 기도는 못 하게 하는 것입니다. 그래야 하나님의 구체적인 뜻을 분별할 수 없기 때문입니다. 분별을 해도 자기 의지와 고집 때문에 그것을 하나님의 뜻으로 수용하지 않습니다. 수용한다고 해도 행할 능력이 없습니다. 하나님으로부터 힘을 공급받아야 하는데, 기도하지 않고는 그 힘을 공급받을 수 없습니다.

셋째, 하나님의 뜻이 성취됨을 방해하는 악한 세력을 물리치는 힘이 기도에서 나오기 때문입니다. 결국 기도해야만 영적으로 깨어나서 하나님의 백성으로서 해야 할 일을 제대로 할 수 있습니다. 연약한 인간이 하나님을 만나고, 영적으로 깨어나서 무엇을 해야 하는지 알게 되고, 그래서 하나님과 손잡고 악의 권세를 깨뜨리는 것이 기도를 통해서 가능해집니다. 그래서 영적 전쟁의 핵심이 기도입니다.

기도가 전쟁이라고 생각해 본 적 있습니까? 전쟁에서 내 상황을 보고하고, 상급 부대의 지시와 명령을 받아야 합니다. 가라면 가고, 서라면 서고, 뛰라면 뛰어야 합니다. 그렇지 않고 내 마음대로 하면 반드시 지게 되어있습니다. 기도하지 않고는 영적인 전쟁에서 절대로 이기지 못합니다. 그러므로 기도라는 영적 사역을 결코 포기하면 안 됩니다. 여기서 패하면 적에게 밀립니다.

그래서 기도를 뭐라고 하는지 아십니까? '궁극 무기'라고 합니다. 궁극 무기는 마지막으로 사용하는 비장의 무기라는 뜻입니다. 핵폭탄, 수소폭탄 같은 것들이 궁극 무기입니다. 영적 전쟁에서 궁극 무기인 기도에 대하여 우리는 눈을 떠야 합니다. 이것을 빼앗기면 싸움에서 집니다.

사탄은 이것을 알기 때문에 악착같이 기도를 막는 것입니다. 말세로 갈수록 사탄이 우는 사자처럼 삼킬 자를 찾는데, 기도하지 않고 신앙을 지키고 하나님을 뜻을 이룰 수 있을 것이라고 생각합니까? 불가능합니다.

마르틴 루터는 "기도는 인생에 있어서 가장 소중한 일이다 만일 하루라도 기도를 소홀히 한다면 신앙의 열정을 잃게 된다"고 말했습니다. 윌리엄 쿠퍼(William Cowper)는 "기도를 포기하는 자는 전투를 포기하는 군인과 같다"고 말했고, R.A. 토레이(R.A. Torrey)는 "만일 우리가 너무 바빠서 기도할 시간이 없게 된다면 노력은 많이 하나 성취는 적고, 예배는 많이 드리나 회심과 은혜는 적으며, 활동은 많이 하나 효과는 없을 것이다"라고 말했습니다. 기도가 없는 교회 사역은 종교적인 쳇바퀴를 돌 뿐입니다. 기도를 쉬는 것은 죄입니다. 이 말은 말세를 살아가는 성도들이 가져야 하는 가치관입니다. 이 고백과 함께 기도를 다시 시작하고 결코 중단하지 않기를 축원합니다.

기도

하나님 아버지.

기도를 쉬는 죄를 범하지 않게 하소서. 기도에서 밀리면 영적으로 밀리게 됩니다. 기도를 통해 하나님이 우리의 인도자요 보호자 되심을 확인하게 하시고, 하나님과 교제하게 하시며, 영적으로 승리하게 하소서. 우리에게 기도의 불이 꺼지지 않게 도와주소서. 아멘.

† 기도하지 않으면 안 되는 세 가지 이유는 무엇인가요?

_____

_____

† 사무엘이 사울과 이스라엘 백성에게 정말 전하고 싶은 말씀은 무엇
  이었나요?

_____

_____

† 기도를 쉬었을 때 넘어졌던 경험이나, 반대로 기도를 끝까지 놓치지
  않았을 때 승리했던 경험이 있다면 나눠 봅시다.

_____

_____

11
내 신앙을
회복시켜 주소서

✦

시편 51:7-12

7 우슬초로 나를 정결하게 하소서 내가 정하리이다 나의 죄를 씻어 주소서 내가 눈보다 희리이다

8 내게 즐겁고 기쁜 소리를 들려 주시사 주께서 꺾으신 뼈들도 즐거워하게 하소서

9 주의 얼굴을 내 죄에서 돌이키시고 내 모든 죄악을 지워 주소서

10 하나님이여 내 속에 정한 마음을 창조하시고 내 안에 정직한 영을 새롭게 하소서

11 나를 주 앞에서 쫓아내지 마시며 주의 성령을 내게서 거두지 마소서

12 주의 구원의 즐거움을 내게 회복시켜 주시고 자원하는 심령을 주사 나를 붙드소서

깨어 기도할 수 없겠느냐

정신병원에서 환자가 치료되었는지를 확인하는 방법 중 하나가 수도꼭지를 틀어 놓는 것이라고 합니다. 욕조에 물이 넘치는 상황을 주고 어떻게 조치하는가 살펴보는 것입니다. 일반적으로는 먼저 수도꼭지를 잠그고 그다음에 물을 퍼내는데, 치료가 되지 않은 사람은 수도꼭지를 잠그지 않은 채 부지런히 물을 퍼내고 걸레로 닦는다고 합니다. 문제의 본질을 내버려 둔 채 당장 눈앞에 닥친 상황만 모면하려는 것은 진정한 문제 해결 방법이 아닙니다.

내 영이 탄식하는 이유

문제 해결에는 우선순위가 있습니다. 영적으로도 마찬가지입니다. 그러면 영적으로 문제가 있을 때, 어떤 것부터 풀어 내야 할까요? 그 원리를 잠깐 다뤄 보겠습니다. 인간은 영과 혼과 육으로 이루어져 있습니다. 영은 초월적 지식, 양심, 하나님과의 교통, 이 세 가지 기능을 가지고 있는데, 죄 때문에 인간의 영은 죽었습니다. 영적으로 하나님과의 관계가 깨졌습니다. 그래서 영이신 하나님과 교통할 수 없게 되었습니다. 그런데 에베소서 2장 1절은 "그는 허물과 죄로 죽었던 너희를 살리셨도다"라고 말씀합니다. 하나님이 허물과 죄 때문에 죽은 우리를 다시 살리셨습니다. 이것을 '중생'이라고 합니다. 우리의 영이 다시 살아났다는 것입니다.

영이 살았으니 영의 세 가지 기능도 살아나겠지요? 첫째로, 하나님으로부터 오는 초월적 지식이 우리 가운데 살아납니다. 예를 들면 "나는 하나님의 자녀이다"라는 사실이 초월적 지식입니다. 배워서 아는 것이 아닙니다. 하나님이 알게 하신 것들입니다. 이런 초월적 지식이 엄청나게 많습니다. 둘째로, 양심도 더 예민해집니다. 때때로 우리가 드리는 회개의 내용은 사람들이 볼 때는 죄가 아닙니다. 하나님의 사랑에 비추어볼 때, 내가 거기 부응하는 삶을 살지 못한 것에 대한 죄책감입니다. 마지막으로, 전에는 없던 하나님과의 친밀함을 느낍니다. 하나님께 기도하고 찬양하고, 말씀을 들으며 기뻐합니다. 이런 것들은 영이 살아 있을 때 가능한 것입니다. 따라서 우리의 영은 늘 건강해야 하고, 더욱 성장해야 합니다.

그런데 영이 건강하지 못할 때가 있습니다. 육신만 병드는 것이 아닙니다. 영도 병이 듭니다. 언제 병이 들까요? 죄를 지을 때입니다. 죄 때문에 우리 영은 심각한 타격을 받습니다.

첫째, 하나님과의 영적 친밀감이 사라집니다. 하나님이 자꾸만 멀게 느껴집니다. 전에는 "하나님" 하면 "왜 그러느냐?" 하는 음성이 들렸는데, 죄가 쌓이면 하나님을 불러도 응답이 들리지 않고 스스로 하나님을 피하게 됩니다. 둘째, 양심이 가책을 받아 괴로워집니다. 양심이 "너 잘했어" 하고 지지해 줄 때는 뿌듯하고 당당하고 두려움이 없었는데, 양심이 상처를 받고 나면 위축되고 나약해집니다. 셋째, 영적인 지식과 깨달음이 막혀 버립니다. 내 영이 하나님의 음성을 들으면서 회복되고 새 힘을 얻어야 하는데, 아무 소리도 들리지 않고 깨달아지지도 않습니다. 눈으로 볼 때는 아무 문제가 없는 것 같습니다. 그러나 내 속에서는 두렵고 힘들고 답답하고 괴롭습니다. 그래서 내 영이 탄식합니다.

깨어 기도할 수 없겠느냐

제가 아플 때 해독 프로그램이라는 것을 접한 경험이 있습니다. 저는 우리 몸속에 엄청나게 독이 많다는 것을 그때 알았습니다. 독은 우리 몸속에서 여러 가지 질병의 원인이 됩니다. 그래서 독을 빼내는 것이 치료 과정에서 아주 중요합니다. 영적으로도 그렇습니다. 우리 영이 건강하려면 독을 빼내야 하는데, 그 영적인 독이 바로 죄입니다. 자녀가 잘못해서 독을 먹고 괴로워한다면 부모는 만사를 제쳐 놓고 아이의 몸에서 독을 빼려고 할 것입니다. 그것보다 더 급한 일이 없기 때문입니다. 하나님도 그렇습니다. 하나님과의 관계 속에서 제일 먼저 해결해야 할 문제는 죄입니다. 축복도 좋고, 하나님과의 사귐이나 봉사도 좋지만 어떤 것보다 먼저 해결해야 하는 것은 죄 사함, 즉 회개입니다.

많은 사람이 죄를 짓고 살아갑니다. 그러니 영적으로 얼마나 많은 탄식이 있겠습니까? 인간의 수많은 고민과 갈등과 두려움과 분노, 고독과 허무, 불안과 죄책감 같은 것들은 깊게 들여다 보면 영적인 문제와 연결되어 있는데, 문제의 근본 이유를 모릅니다. 그래서 나름대로 대책을 세웁니다. 첫째는 '인간 실존 자체가 원래 불안한 것이다, 인간의 근본 구조가 원래 그러니까 받아들이고 살아야 한다'고 생각합니다. 둘째는 '내가 원하는 환경이 이루어지지 않았기 때문이다, 그러므로 더 좋은 환경에서 살면 된다'면서 환경으로 원인을 돌립니다. 셋째는 '주체성과 자아 확립이 이뤄지지 않았기 때문이다, 내가 좀 더 성숙해지면 얼마든지 극복할 수 있다'고 진단합니다.

그러나 성경은 "아니다, 그것은 인간의 죄 때문이다!"라고 외칩니다. 죄 때문에 영이 병들고 타격을 입고 절규하는 것입니다. 그럼에도 현대인들은 죄를 인정하지 않습니다. 하나님을 인정하지 않는데, 무슨 죄를 인정하겠습니까? 죄라는 말 자체도 싫어하니 회개가 이루어질 리 없습니다. 심지어 교회 안에서도 죄라는 말을 좋아하지 않습니다. "왜 자꾸 죄, 죄, 죄, 그럽니까? 듣고 싶지 않습니다" "왜 사람을 억압하고 부자유하게 합니까? 교회 와서는 편안하게 위로받고 싶습니다" 이렇게 말합니다. 그러니 해결책이 나오겠어요? 아무리 인간을 연구하고, 환경을 개선하고, 성숙해져도 안 됩니다. 영적인 문제이기 때문입니다. 그래서 인간의 문제는 갈수록 더 심각해지고 인간성은 갈수록 피폐해지는 것입니다.

죄를 말하지 않는다고 해결되는 것이 아닙니다. 정확하게 진단하고, 해결해야 합니다. 성경은 문제의 원인을 분명하게 죄라고 진단하고, 해결책도 구체적으로 제시합니다. 그것은 회개입니다. 회개를 통해 다시 회복할 수 있다는 것이 얼마나 큰 복음인지 깨달아야 합니다.

신앙의 기쁨을 회복하려면

본문 말씀은 다윗의 참회록입니다. 세상에 참회록이 많지만 시편 51편보다 더 간단하고, 정확하고, 확실한 내용은 없습니다. 그래서 본문의 별명이 '회개의 교범'입니다. 다윗의 일생에는 밧세바 사건이라는 큰 오점이 있었습니다. 51편 표제에 보면 그 배경이 나옵니다.

"다윗이 밧세바와 동침한 후 선지자 나단이 그에게 왔을 때."

밧세바가 임신했다는 말을 듣고 다윗은 어떻게 하면 자기 죄를 감출 수 있을까 생각했습니다. 그래서 그 남편 우리아를 전쟁터에서 돌아오게 하여 아내와 동침하게 했습니다. 그러나 그는 충신이라 동료들이 전쟁터에 있는데 자신만 아내와 함께 잘 수 없다면서 끝내 동침하지 않았습니다. 다윗은 총사령관 요압에게 우리아를 가장 치열한 곳으로 보내어 적에 의해 죽게 하라는 비밀 편지를 보냅니다. 결국 우리아는 끝까지 충성하다가 전사합니다. 다윗이 교묘하게 죽인 것이지요.

우리아가 전사했다는 소식을 듣고 다윗은 안심했습니다. 이제 모든 문제가 다 해결되었다고 생각했습니다. 그런데 이게 웬일입니까? 그의 삶에 변화가 생기기 시작했습니다. 기쁨이 없어졌습니다. 아무리 산해진미를 먹고 잔치를 해도 기쁨이 없었습니다. 하나님을 찬양하는 일에도 감동이 사라지고, 예배를 드리는 일도 귀찮아졌습니다. 억지로 참여는 하지만 은혜가 되지 않았습니다. 성령의 감동이 없어졌습니다. 그는 '내가 왜 이렇게 되었을까? 내 삶이 이렇지 않았는데, 전쟁터에서도 감격이 넘쳤고 고생 중에도 기쁨과 간증이 넘쳐났는데, 왜 이렇게 되었지?' 하고 고민했습니다.

이렇게 고통 속에 있던 어느 날, 선지자 나단이 찾아와서 이런 말을 했습니다.

"왕이여, 어느 도시에 아주 큰 부자가 있었습니다. 그에게는 양과 소가 심히 많아 셀 수가 없었습니다. 어느날 부자에게 손님이 왔습니다. 부자는 자기 양 떼는 그냥 두고 이웃에 사는 가난한 사람이 가지고 있는 유일한 암 양 새끼 한 마리를 빼앗아 손님을 대접했습니다."

이 말을 듣고 다윗은 분노합니다.

"내 나라에서 그런 일은 있을 수 없다. 그 사람이 누구냐?"

그러자 나단 선지자는 말합니다.

"왕이여, 그 사람은 바로 당신입니다. 하나님이 말씀하셨습니다. '내가 너를 이스라엘의 왕으로 세웠고 모든 족속을 너에게 맡겼다, 무엇이든 부족했으면 더 주었을 것이거늘, 어찌 여호와의 말씀을 거역하고 범죄했느냐?'"

우리아를 죽이고 은폐한 사건을 지적하자 다윗은 거꾸러집니다. '하나님이 보고 계셨구나! 아무도 모른다고 생각했는데, 사람들의 입을 다 막았다고 생각했는데, 하나님이 보고 계셨구나! 거룩하신 하나님이 분노하셨구나, 내 영이 고통당한 것은 바로 이것 때문이었구나' 하고 자기 죄를 깨닫습니다. 다윗은 그동안 받은 하나님의 사랑, 은혜를 기억해 봅니다. 그런데도 하나님 앞에서 이런 큰 악을 행하다니, 다윗은 통곡하며 침상이 젖도록 회개합니다.

"무릇 나는 내 죄과를 아오니 내 죄가 항상 내 앞에 있나이다"(3절)

다윗은 자기 죄를 인정하고 철저하게 회개합니다. 남 탓을 하거나 변명거리를 찾거나 핑계를 대지 않습니다. 유대 전승을 보면 밧세바가 먼저 다윗을 유혹했다고 나옵니다. 그러나 다윗은 누구 때문이라고 핑계 대지 않습니다. 그저 "내가 죄인입니다"라고 고백합니다.

"주의 구원의 즐거움을 내게 회복시켜 주시고 자원하는 심령을 주사 나를 붙

깨어 기도할 수 없겠느냐

다윗의 간절한 소원을 이야기합니다. 그는 신앙의 기쁨, 삶의 기쁨을 잃어버렸습니다. 하나님 때문에 충만했던 기쁨과 감격이 없어졌습니다. "자원하는 심령"이란 하나님을 향해 달려가는 마음입니다. 하나님을 향한 그의 모든 자세가 의무가 되고, 억지가 되었습니다. 모든 것이 다 귀찮아졌습니다. 성령 충만을 상실했고, 하나님 앞에서 쫓겨난 느낌입니다. 정직한 영을 상실했습니다. 죄를 스스로 감추려 했습니다. 그리고 괜찮을 것이라고 스스로 속였습니다. 나아가 자기 힘으로 회복해 보려고 하였으나 되지 않았습니다. 이제 방법은 하나님께 매달리는 것입니다. 정결한 마음을 간구하는 것입니다.

"하나님이여 내 속에 정한 마음을 창조하시고"(10절)라는 구절에서 '창조'의 히브리어인 '바라(בָּרָא)'는 하나님에게만 쓰는 용어입니다. "저는 제 힘으로 새롭게 될 수가 없습니다. 환경이 바뀐다고 의롭게 되지도 않습니다. 하나님의 재창조의 역사가 아니고는 불가능합니다. 하나님, 나를 새롭게 창조해 주소서"라는 뜻입니다. 즉 "하나님! 내 신앙은 병들었으며, 내 힘으로는 회복할 수 없는 지경에 이르렀습니다" 하고 고백하는 것입니다.

내 힘으로 회개한다고 생각하는데, 아닙니다. 독을 내가 뱉고 싶다고 나오나요? 안 나옵니다. 누가 뱉도록 해 주어야 합니다. 하나님이 성령의 감동을 주셔야 회개할 수 있습니다. 은폐하지 않고 솔직하게 "하나님, 제가 이런 죄를 지었습니다" 하고 고백해야 합니다. 그럴 때 하나님이 우리를 용서하시고, 구원의 즐거움을 회복시켜 주십니다.

참다운 즐거움은 구원에 있습니다. 죄를 용서받을 때 참 즐거움이 샘솟습니다. 죄인에게 가장 필요한 것은 회개이고, 가장 큰 즐거움은 구원의 기쁨입니다. 찬송의 주제가 무엇입니까? 용서와 속죄의 감격입니다. 죄인이 용서받고 나서 그 감격을 노래하는 것이 찬송의 시작입니다. 모든 감격은 속죄에서 파생되어 나온 것입니다. 그런데 요즘은 교회에서도 회개와 속죄의 감격을 잘 노래하지 않습니다. 그만큼 죄에 대하여 둔감해지고, 속죄의 기쁨을 잃어버렸습니다. 그만큼 회개하고 용서받는 경험이 줄어들었다는 뜻입니다.

요즘에 많은 성도가 신앙생활에 기쁨을 느끼지 못합니다. "옛날에는 내가 참 뜨거웠는데, 그 열정을 회복하고 싶어!"라고 말하는 분이 많습니다. 교회에 의무감으로, 억지로 나오는 사람도 많습니다. 왜 이렇게 되었을까요? 구원의 기쁨, 자원하는 심령을 왜 잃어버렸을까요? 왜 하나님이 멀리 느껴지고 냉랭해졌을까요? 그 이유는 숨겨진 죄 때문입니다. 영이 죄로 인하여 타격을 받고 탄식하기 때문입니다.

하나님이 정말 원하시는 것, 그리고 정말 내 영혼이 깊은 데서 갈망하는 것, 그것은 회개와 용서입니다. 회개란 다시 돌아오는 것을 의미합니다. 잘못 간 길을 다시 돌아올 수 있다는 것이 얼마나 좋은지, 얼마나 절실한지 모릅니다.

컴퓨터의 기능 중에 리셋 기능이 있습니다. 잘못된 상태로 갔을 때 다시 초기화하는 것입니다. 회개는 죄에 물든 우리를 다시 원점으로 돌려놓을 수 있습니다. 다윗은 회개 기도를 통해 영적인 리셋 버튼을 눌렸고, 죄에서 벗어나 정결한 상태로 돌아가서 구원의 즐거움과 자원하는 심령을 회복했습니다.

이 시대는 죄를 인정하지 않는 시대입니다. 죄라는 단어도 부정하는 시대입니다. 회개의 기회를 박탈합니다. 죄에 빠져 절규하면서도 점점 무뎌지고, 그래서 회개하지 않았던 사울처럼 많은 사람이 공황상태에 빠집니다. 그러나 우리는 죄에 넘어져서 일어나지 못하는 사람이 되면 안 됩니다. 죄를 짓지 않아야 하고, 넘어졌더라도 다시 일어나 무너진 인생을 수습해야 합니다. 신앙을 회복하고, 거룩한 사람으로 다시 일어서야 합니다.

기도 ————————————————————————

하나님 아버지.

죄 때문에 무너진 우리를 다시 일으켜서 구원의 기쁨을 회복시켜 주시고, 식어 버린 신앙을 다시 뜨겁게 해 주소서. 하나님 앞에서 회개하며 운 다윗처럼 나도 내 죄를 발견하고 울게 하소서. 아멘.

† 회개는 무엇이며, 죄가 반복되는 이유는 무엇인가요?

---

† 다윗은 죄로 인해 무너진 모습을 어떻게 회복할 수 있었나요?

---

† 과거에 하나님 앞에 회개하였을 때 참다운 즐거움을 경험한 적이 있
다면 나눠 봅시다. 한 주동안 회개와 죄 용서가 필요했던 순간이 있
는지 돌이켜보고, 하나님 앞에서 기도해 봅시다.

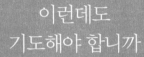

12
이런데도
기도해야 합니까

✴

다니엘 6:10-15

¹⁰ 다니엘이 이 조서에 왕의 도장이 찍힌 것을 알고도 자기 집에 돌아가서는 윗방에 올라가 예루살렘으로 향한 창문을 열고 전에 하던 대로 하루 세 번씩 무릎을 꿇고 기도하며 그의 하나님께 감사하였더라

¹¹ 그 무리들이 모여서 다니엘이 자기 하나님 앞에 기도하며 간구하는 것을 발견하고

¹² 이에 그들이 나아가서 왕의 금령에 관하여 왕께 아뢰되 왕이여 왕이 이미 금령에 왕의 도장을 찍어서 이제부터 삼십 일 동안에는 누구든지 왕 외의 어떤 신에게나 사람에게 구하면 사자 굴에 던져 넣기로 하지 아니하였나이까 하니 왕이 대답하여 이르되 이 일이 확실하니 메대와 바사의 고치지 못하는 규례니라 하는지라

¹³ 그들이 왕 앞에서 말하여 이르되 왕이여 사로잡혀 온 유다 자손 중에 다니엘이 왕과 왕의 도장이 찍힌 금령을 존중하지 아니하고 하루 세 번씩 기도하나이다 하니

¹⁴ 왕이 이 말을 듣고 그로 말미암아 심히 근심하여 다니엘을 구원하려고 마음을 쓰며 그를 건져내려고 힘을 다하다가 해가 질 때에 이르렀더라

¹⁵ 그 무리들이 또 모여 왕에게로 나아와서 왕께 말하되 왕이여 메대와 바사의 규례를 아시거니와 왕께서 세우신 금령과 법도는 고치지 못할 것이니이다 하니

깨어 기도할 수 없겠느냐

남유다 백성들이 세 번에 걸쳐 바벨론에 포로로 끌려갑니다. 1차 포로가 여호야김왕 때 일어나는데, 그때 다니엘이 끌려갔습니다. 당시 다니엘의 나이가 스무 살 정도였습니다.

바벨론의 느부갓네살왕은 포로로 끌려온 유대인 중에서 똑똑한 청년을 뽑아서 왕궁에서 길러, 통치에 활용하려는 계획을 세웁니다. 이것이 바벨론 인재 관리법입니다. 다니엘과 세 친구가 여기 발탁됩니다. 세상 말로 억세게 재수 좋은 사람들입니다. 가족, 친척, 동포들은 노예가 되어 죽어 가는데 왕궁에서 호의호식하고 장래까지 보장받습니다. 만약 내가 다니엘의 입장이었다면 어떤 생각을 했겠습니까? "정말 잘 됐다, 왕에게 잘 보이면 내 미래는 보장된다, 충성해야지! 이 화려하고 눈부신 문화를 가진 곳, 바벨론에서 잘 살아 보리라!" 하지 않았을까요? 그러나 다니엘은 이렇게 결심했습니다.

"하나님은 선지자들을 보내서 이스라엘에게 회개하고 돌아오라 하셨는데, 그 말씀을 믿지 않다가 나라가 망했구나. 설마 하고 의심했는데 말씀대로 되었구나. 정말 하나님의 말씀은 그대로 이루어지는구나! 이스라엘은 하나님을 바르게 섬기지 못해서 망한 것이다. 그렇지만 이제부터라도 하나님을 섬기며 믿음을 지키자."

포로가 되기 전에는 그도 철없는 젊은이였고, 죄 가운데 있던 사람이었습니다. 그러나 고난을 겪으면서 하나님 앞에 바로 서게 됩니다. 나라도, 미래의 희망도 다 잃고 나서 그는 오히려 가장 귀한 '믿음'을 회복합니다. 어차피 죽었어야 할 목숨! 이제 어떤 고난이 오더라도 하나님 앞에서 깨끗하게 살리라 결심합니다.

믿음을 지킬수록 박해도 많았지만 그럴 때마다 하나님이 승리하게 하셔서서 이방 나라에서 하나님의 이름을 높이게 하십니다. 다니엘은 어느 나라, 어느 곳에서 무엇을 하더라도 하나님의 말씀을 따라 살면 그것을 통해 하나님은 영광을 받으시고 나를 통해 역사하신다는 사실을 깨달았습니다. 그리고 이것이 하나님을 섬기는 사람이 걸어갈 길이라는 사실을 알았습니다. 그래서 느부갓네살왕에 이어 벨사살왕 때까지 총리의 자리를 지켰는데, 그 강대국 바벨론이 페르시아에 망했습니다.

하나님이 찾는 사람

아무도 망할 것이라고 생각하지 않았던 바벨론이 하루아침에 망하고, 이제 페르시아의 시대가 열렸습니다. 다니엘서 5장 마지막을 보면 "메대 사람 다리오가 나라를 얻었"(31절)다고 합니다. 원래는 메대와 바사가 각각 다른 나라였습니다. 처음에는 메대가 더 컸습니다. 그것이 메대-바사 연합국의 형태로 이어지다가 바사가 더 커지면서 메대를 완전히 흡수하여 페르시아 제국이 됩니다. 바사는 페르시아라는 뜻입니다.

다리오는 메대 사람으로 바사왕 고레스의 숙부인데, 나중에 장인이 됩니다. 당시 다리오의 나이가 62세였습니다. 고레스는 40대였습니다. 고레스는 나이가 많은 장인에게 바벨론을 맡깁니다. 그래서 나라를 얻었다고 한 것입니다. 고레스는 다른 전쟁이 있어서 밖으로 돌고, 얼마 후에는 다리오가 바벨론을 고레스에게 넘겨줍니다.

다니엘서 6장 1절을 보면 다리오는 바벨론을 다스리기 위해 새로운 정치 제도를 구상합니다. 120명의 고관들을 세 파트로 나누어 세 명의 총리가 관리하게 하고 그 위에 수석 총리를 두는데, 다니엘을 수석총리로 삼았습니다. 조금 이상하지요? 바벨론이 망할 때 다니엘은 바벨론의 셋째 치리자였습니다. 그렇다면 나라가 망할 때 죽었어야 합니다. 그런데 어떻게 살았을까요?

먼저 다니엘은 바벨론 사람이 아니었습니다. 그러므로 페르시아에 대해 저항감이 없었습니다. 둘째, 다니엘은 바벨론에서 고위 관리로서 너무나 정직하고 유능했습니다. 다리오는 그 인격을 높이 평가했습니다. 마지막으로 다니엘은 바벨론이 페르시아에 망할 것을 예언했습니다. 그것이 하나님의 뜻이라고 받아들였습니다. 따라서 페르시아 입장에서 다니엘은 믿을 수 있는 사람이었습니다. 게다가 바벨론 사정을 잘 아는 사람이 필요한데, 바벨론 사람도 아니면서 바벨론에 끝까지 충성했던 지혜로운 사람이라면 더 바랄 것이 없었습니다. 이때 다니엘의 나이가 90세 정도였습니다. 다리오에게는 꼭 필요한 사람이었습니다.

그러나 메대와 바사 출신의 고관들이 볼 때는 말이 안 되는 상황이었습니다. 논공행상을 해도 자신들의 공이 많고 바벨론의 최고위직에 있었던 사람인데, 자신들을 제치고 포로에 불과한 다니엘을 수석 총리로 삼는다니 자존심이 허락하지 않았을 것입니다. 그래서 다니엘의 흠을 잡아 보려고 했는데, 흠이 없습니다. 어떻게 하면 그를 넘어뜨릴 수 있을까 고민하다가 다니엘의 신앙을 가지고 달려들지 않으면 넘어뜨릴 방법이 없다고 결론을 내렸습니다. 그들은 다니엘이 하루 세 번씩 기도한다는 사실과, 무슨 일이 있어도 기도를 포기하지 않을 것이라는 사실도 잘 알고 있었습니다. 그래서 다니엘을 잡기 위한 법을 만들었습니다.

"이에 총리들과 고관들이 모여 왕에게 나아가서 그에게 말하되 다리오 왕이
여 만수무강 하옵소서 나라의 모든 총리와 지사와 총독과 법관과 관원이 의논
하고 왕에게 한 법률을 세우며 한 금령을 정하실 것을 구하나이다 왕이여 그
것은 곧 이제부터 삼십일 동안에 누구든지 왕 외의 어떤 신에게나 사람에게 무
엇을 구하면 사자 굴에 던져 넣기로 한 것이니이다"(6-7절)

그들은 왕을 신격화하고 왕의 이름으로만 기도하게 하자고 제안합
니다. 다리오가 들어 보니 왕인 자기에게만 충성하겠다는 말이니 나쁘
지 않았습니다. 그래서 "좋다, 허락한다" 하고 도장을 '꽝!' 찍어 줍니다.
그 속에 담긴 독소 조항을 파악하지 못한 것입니다. 그러나 다니엘은
고위관리들이 자기를 잡으려고 한다는 사실을 알았습니다. 그리고 왕
이 조서에 도장을 찍었으므로 이 법이 취소될 수 없다는 것도 알았습니
다. 다니엘은 어떻게 했을까요?

"다니엘이 이 조서에 왕의 도장이 찍힌 것을 알고도 자기 집에 돌아가서는 윗
방에 올라가 예루살렘으로 향한 창문을 열고 전에 하던 대로 하루 세 번씩 무
릎을 꿇고 기도하며 그의 하나님께 감사하였더라"(10절)

꼭 이래야만 하는 걸까요? 사람이 융통성이 있어야지요. 창문을 닫
든지, 무릎을 꿇지 말고 서서 움직이며 기도해서 산책하는 것처럼 보이

깨어 기도할 수 없겠느냐

게 하든지, 30일만 기도를 쉬든지 하면 될 것 아닙니까? 그러나 다니엘은 그렇게 하지 않습니다. "전에 하던 대로" 똑같이 무릎을 꿇고 기도하며 하나님께 감사했습니다. 왜 이렇게까지 했을까요? 다니엘은 평생 그렇게 살기로 뜻을 정했기 때문입니다. 70년 전, 다니엘은 포로가 되어 바벨론으로 끌려왔을 때 결심했습니다.

"나는 죽을 목숨이었다. 그러니 남은 인생은 하나님만 섬기다가 가리라. 그리고 결코 기도를 쉬지 않으리라. 하루 세 번 무릎을 꿇고, 감사하며 기도하리라. 다른 것은 몰라도 내 생명이 다하는 순간까지 이것만은 반드시 지키리라."

그리고 이 결심을 지금까지 지켜 왔습니다.

하나님은 다니엘이 그렇게 기도할 때마다 언제나 응답하셨습니다. 다른 사람의 꿈 내용도 알려 주셨고, 영적인 깊은 비밀도 알려 주셨고, 수많은 제목에 응답해 주셨고, 앞으로 될 일까지도 다 가르쳐 주셨습니다. 하나님은 그의 기도에 한 번도 응답하지 않거나 그를 실망시키신 적이 없었습니다. 수없이 죽음의 위협을 받았지만 그때마다 구해 주셨고, 전화위복이 되어 주셨고, 영광을 받으셨습니다. 문제를 해결해 주시고, 생명을 구해 주신 것도 감격스러웠지만, 기도를 통한 하나님과의 교제는 바벨론에서 주는 부귀영화와는 비교할 수 없이 크고 놀라운 것이었습니다.

평생 그렇게 살아온 세월! 이제 기도는 그의 가장 중요한 시간이 되었습니다. 그에게 기도 시간은 가장 행복한 시간이요, 하나님과 깊이 사귀는 시간이 되었습니다. 그런데 이런 기도를 하지 말라니요. 삶의 가장 중요한 시간을 포기하라니요. 다니엘이 무엇을 위해서 그들의 뜻대로 하겠습니까? 권력을 누리고 더 오래 사는 것이 그가 바라는 것이었겠습니까? 다니엘은 그런 것 다 필요 없다고 생각했습니다. 오늘 죽더라도 기도 시간을 지키며 사는 것이 그가 생각한 가장 가치 있는 일이었습니다. 그래서 다니엘은 기도를 포기하지 않았습니다. 지나온 세월이 주마등처럼 지나갑니다. 하나님이 함께해 주신 그 수많은 순간들에 얼마나 행복하고 감사했는지 모릅니다. 이대로 죽어도 미련이 없습니다. 그래서 흔들림 없이 하나님께 기도했습니다.

> "그 무리들이 모여서 다니엘이 자기 하나님 앞에 기도하며 간구하는 것을 발견하고"(11절)

다니엘이 기도하는 모습을 훔쳐보던 그들은 쾌재를 불렀을 것입니다. "됐다, 예상대로 다니엘은 그가 섬기는 하나님께 기도한다, 이걸 가지고 고발하면 다니엘은 확실히 죽는다!" 했을 것입니다. 그래서 그들은 왕에게 나가 고발합니다. 고발을 받고서야 다리오는 이 법이 함정이었다는 것을 깨달았습니다. 어떻게 다니엘을 구할 방법이 없을까 고민하며 애써 보았지만 묘수가 없습니다. 결국 법대로 다니엘을 사자굴에 던져 넣으면서 "제발 너의 하나님이 너를 구원하시면 좋겠다"고 말했습니다.

밤새 잠을 못 이룬 왕이 새벽에 일어나 사자 굴로 갔습니다. '죽었겠지, 그러나 다니엘의 하나님은 전에도 죽을 수밖에 없던 그와 그 친구

깨어 기도할 수 없겠느냐

들을 구하셨다는데, 혹시 구원하시지 않았을까?' 하는 초조한 마음으로 갔습니다. 왕은 굴 입구에서 "다니엘아" 하고 불렀습니다.

> "다니엘이 왕에게 아뢰되 왕이여 원하건대 왕은 만수무강 하옵소서 나의 하나님이 이미 그의 천사를 보내어 사자들의 입을 봉하셨으므로 사자들이 나를 상해하지 못하였사오니 이는 나의 무죄함이 그 앞에 명백함이오며 또 왕이여 나는 왕에게도 해를 끼치지 아니하였나이다 하니라"(21-22절)

걱정과는 달리 다니엘은 조금도 상하지 않았습니다. 그런데 참소한 사람들을 데려와서 던졌더니 몸이 굴 바닥에 닿기도 전에 사자들이 그들을 움켜서 뼈까지 부서뜨렸습니다.

왜 이런 시험과 고난이 있는 걸까요? 페르시아에 하나님을 전하기 위해서입니다. 하나님은 세상 어디라도 전해져야 합니다. 그런데 그 일을 위해 헌신하는 사람이 있어야 합니다. 하나님이 능력이 없어서가 아니라 하나님의 뜻을 위해 자기를 헌신할 사람이 없는 것입니다. 다니엘 때문에 페르시아 안의 모든 나라와 민족에게 조서가 발표됩니다.

"하나님을 두려워하라. 그는 살아 계신 하나님이고, 영원하신 하나님이다. 그의 나라는 영원하다."

이 모든 과정을 통해 하나님이 영광을 받으셨습니다. 고난을 통해 엄청난 선교가 이루어졌습니다.

어떻게 기도해야 하는가

다니엘을 통해 우리는 어떻게 기도해야 하는가를 배워야 합니다.

첫째, 우리 삶에는 언제나 기도를 방해하는 세력이 있음을 알아야 합니다. 때로 우리 현실이 다니엘의 상황과 같습니다. 기도하지 말라고 으르렁거리며 위협합니다. 그러나 기도가 중단되면 안 됩니다. 다니엘은 "왕의 도장이 찍힌 것을 알고도" 기도했습니다. 기도란 영적 전쟁이라는 것을 알아야 합니다. 최악의 상황 속에서 기도하지 않으면 이런 세상에서 하나님의 사람으로 제대로 살 수 없습니다. 하나님이 주신 사명을 감당할 수 없습니다.

둘째, 어떤 상황에서든 기도해야 합니다. 기도는 가끔 하거나 필요할 때만 하는 것이 아니라 언제나, 가능하면 일정한 시간에 하는 습관이 필요합니다. 성경의 수많은 사람들도 정해진 곳에서, 정해진 시간에 기도했습니다. 다시 말하면 외부 상황에 의해 기도가 흔들리지 않았습니다, 오히려 기도 시간을 중심으로 모든 시간이 움직였습니다. 우리도 '나는 기도를 놓치지 않는다, 변함없이 기도한다, 어제도 하고 오늘도 하고, 가난할 때도 하고 부자가 되어도 하고, 시험 보기 전에도 하고 합격한 후에도 하고, 결혼하기 전에도 하고 결혼한 후에도 하고, 사업이 잘될 때도 하고 사업이 잘 안될 때도 하고, 바쁠 때도 하고 한가할 때도 하고, 건강할 때도 하고 병 들었을 때도 하겠다, 반드시 기도 시간을 사수하겠다!' 다짐해야 합니다. 이렇게 기도를 지속하지 않으면 우리의 삶은 흔들리고, 공격을 받고, 휘청거릴 수밖에 없습니다. 변하지 않고 초지일관 기도를 지속해야 합니다.

깨어 기도할 수 없겠느냐

셋째, 감사하는 마음으로 기도해야 합니다. "내가 이런 최악의 상황에서도 기도했는데, 얼마나 열심히 기도했는데 이게 뭡니까?" 하면서 불평하면 안 됩니다. 기도의 자리에서 감사해야 합니다. 그러면 기도가 열립니다. 생각해 보십시오. 얼마나 감사할 것이 많습니까? 기도할 수 있는 것 자체가 감사한 일입니다. 지금까지 어떻게 살아왔는지 떠올려 보십시오. 수많은 박해가 있었고 위기가 있었습니다. 그럴 때마다 기도를 들어주시고 살려 주셨습니다. 감사할 것뿐입니다. 기도는 무언가를 달라는 것을 넘어섭니다. 세상의 어떤 왕보다 더 높으신 하나님과의 만남의 시간이며, 내 생명과도 바꿀 수 없을 만큼 가치 있는 시간이라는 것을 기억하고 감사해야 합니다.

기도의 결과는 항상 감사로 이어집니다. 감사의 결과가 어떤 것이었나 살펴볼까요? 다니엘은 사자 굴 속에 들어갔을 때에도 감사했습니다. 그 일로 페르시아 제국에 하나님을 알리게 되었습니다. 고레스가 다니엘의 하나님에 대해 알게 됩니다(28절).

다니엘은 고레스에게 이사야와 예레미야서를 소개하면서 "당신이 태어나기 150년 전에 벌써 하나님은 당신의 이름까지 정확하게 거론하시면서 내가 내 종 고레스를 통해 '내 백성 이스라엘을 돌아오게 하리라'(사 44:28, 45:1-7)고 말씀하셨습니다, 당신을 페르시아 제국의 왕으로 세울 것이고, 당신 때문에 하나님이 기뻐할 것이고, 당신이 하나님의 백성을 해방시킬 것이라고 하셨습니다" 하며 예언을 알려 줍니다. 고레스는 감동을 받고, 이스라엘 백성들을 그들의 고국으로 돌려보내기로 결심합니다.

다니엘이 한평생 기도했던 것은 이스라엘의 회복이었습니다. 그런데 그 일이 기도를 막는 데서 부터 시작되었습니다. 그 방해를 물리치고 기도함으로써 이스라엘이 해방되어 고국으로 돌아오는 놀라운 일이 이루어진 것입니다. 기도의 방해는 언제나 더 큰 복을 주기 전에 일어나는 현상입니다. 그러므로 원망과 불평을 그치고 감사하며 기도해야 합니다. 그럴 때 놀라운 하나님의 역사를 보게 됩니다.

우리는 가끔 "이런데도 기도해야 합니까? 이렇게 반대가 많고, 이렇게 위험한데도 기도해야 합니까?" 하고 질문합니다. 네, 그래도 기도해야 합니다. 그럴수록 더 기도해야 합니다. 그럴 때 하나님의 역사가 나타나기 때문입니다. 기도의 위대함이 드러나기 때문입니다. 이 세상에 우리의 기도를 막을 것은 아무것도 없습니다. "이제부터 나는 기도할 거야, 다니엘처럼 기도하는 사람이 될 거야" 하고 뜻을 정하십시오. 하나님은 오늘도 다니엘과 같은 사람을 찾으십니다.

기도

하나님 아버지.

"이런데도 기도해야 합니까?" 하는 질문이 생길 때, "네, 그래도 기도해야 합니다"라고 대답하는 성도가 되게 하소서. 어떤 상황에서도 기도를 놓치지 않게 하소서. 정해진 곳에서 정해진 시간에 기도하게 하시며, 기도의 자리에서 감사하게 하소서. 하나님 앞에 뜻을 정하고 그 뜻을 지켜 가게 하소서. 그래서 하나님의 역사하심과 기도의 위대함을 경험하게 하소서. 아멘.

깨어 기도할 수 없겠느냐

† 다니엘은 어떤 위기에 처했나요? 그 가운데 다니엘이 놓치지 않은
  것은 무엇인가요?

_____

_____

† 다니엘이 하나님께 기도하기를 놓치지 않았을 때, 하나님이 다니엘
  에게 허락하신 결과는 무엇인가요?

_____

_____

† 하나님이 우리에게 시험과 고난을 허락하시는 이유는 무엇인가요?
  그래도 기도할 때 어떠한 결과로 이어지게 되나요?

_____

_____

_____

Part 3

신약의 성도들은
이렇게 기도했습니다

13

내가 너를
보았노라

✦

요한복음 1:45- 51

⁴⁵ 빌립이 나다나엘을 찾아 이르되 모세가 율법에 기록하였고 여러 선지자가 기록한
그이를 우리가 만났으니 요셉의 아들 나사렛 예수니라

⁴⁶ 나다나엘이 이르되 나사렛에서 무슨 선한 것이 날 수 있느냐 빌립이 이르되 와서
보라 하니라

⁴⁷ 예수께서 나다나엘이 자기에게 오는 것을 보시고 그를 가리켜 이르시되 보라 이는
참으로 이스라엘 사람이라 그 속에 간사한 것이 없도다

⁴⁸ 나다나엘이 이르되 어떻게 나를 아시나이까 예수께서 대답하여 이르시되 빌립이
너를 부르기 전에 네가 무화과나무 아래에 있을 때에 보았노라

⁴⁹ 나다나엘이 대답하되 랍비여 당신은 하나님의 아들이시요 당신은 이스라엘의 임
금이로소이다

⁵⁰ 예수께서 대답하여 이르시되 내가 너를 무화과나무 아래에서 보았다 하므로 믿느
냐 이보다 더 큰 일을 보리라

⁵¹ 또 이르시되 진실로 진실로 너희에게 이르노니 하늘이 열리고 하나님의 사자들이
인자 위에 오르락 내리락 하는 것을 보리라 하시니라

깨어 기도할 수 없겠느냐

하나님이 이 시대에 우리에게 바라시는 것이 무엇일까요? 화려한 시설이나 재미있는 프로그램이 있는 교회일까요? 예배당을 가득 채우는 성도들일까요? 아닙니다. 깨어 기도하는 교회, 깨어 기도하는 성도를 원하십니다. 왜냐하면 그들을 통하지 않고는 하나님이 역사하실 수 없기 때문입니다. 내 기도를 살펴보고 영혼의 상태를 점검하십시오. 기도가 그 사람의 진짜 영의 상태를 말해 줍니다. 기도하는 시간이야말로 하나님 앞에 홀로 있는 순간이기 때문입니다. 기도가 건조하고 공허합니까? 그렇다면 영혼이 손상된 것입니다. 영혼이 간절하고 뜨거우면 기도도 그렇게 됩니다.

미래를 위한 가장 좋은 준비는 기도하는 것입니다. 세상은 갈수록 복잡해지고 살기 어려워질 것입니다. 그러나 기도하는 사람은 지존자의 은밀한 곳(시 91:1)에 거하게 됩니다. 여러분의 기도가 빈곤해지지 않기를, 점점 더 풍성해지길 바랍니다.

무화과나무 아래 있을 때

요한복음 1장 후반부에는 예수님의 사역 초창기에 제자들을 부르시던 때의 이야기가 나옵니다. 예수님에게는 사람이 없었습니다. 그런데 그 당시 선지자로서 이름이 널리 알려졌던 세례 요한이 예수님을 맨 처음 알아봅니다. 그의 사명은 예수님을 세상에 소개하는 것이었습니다. 그가 외친 유명한 말이 있지요?

"… 보라 세상 죄를 지고 가는 하나님의 어린 양이로다"(29절)

세례 요한은 세상 사람들에게 예수님을 소개했을 뿐 아니라 자기 제자들을 예수님에게 보냈습니다. 그는 제자들에게 "그가 바로 우리가 기다리던 메시아다! 나는 그의 신발 끈을 매기에도 부족한 사람이다, 그는 흥해야 하고 나는 쇠해야 한다"고 말하면서 예수님을 소개했습니다.

세례 요한의 제자들은 그들의 스승처럼 메시아를 기다리고 있었고, 마침내 스승이 소개한 그분이 이 땅에 오신 메시아임을 알게 되었습니다. 그리고 예수님을 따라갔습니다. 그러면서 '과연 예수야말로 스승이 말씀하신 바로 그분'이라는 것을 확인합니다. 그래서 처음 예수님의 제자들 상당수는 원래 세례 요한의 제자였습니다. 예수님은 그들 중에서 감동을 받고 따르는 자들을 자기 제자로 삼으셨습니다.

그중 한 명이 빌립입니다. 43절을 보면 예수님이 빌립에게 "나를 따르라"고 하셨습니다. 빌립은 예수님을 따라갔고, 그분을 뵌 뒤 감격합니다. 그 감격을 가장 가까운 동네 친구에게 전했습니다. 그 친구가 나다나엘입니다. 나다나엘이 누굴까요? 그는 열두 제자 중 한 명인 '바돌로매'입니다. 바돌로매는 '바르 톨레미', 즉 '톨레미의 아들'이란 뜻입니다. 사람들은 나다나엘을 '톨레미의 아들'이라고 불렀습니다.

빌립과 나다나엘의 대화 내용이 45-46절입니다. 아마도 빌립이 부르러 오기 전까지 나다나엘은 무화과나무 아래에 있었던 것 같습니다. 둘의 대화를 성경을 토대로 상상해 봤습니다.

"나다나엘, 뭐 해? 이리 나와 봐. 갈 데가 있어."

"어딘데?"

"우리가 기다리던 분을 내가 만났어. 함께 가 보자. 너도 틀림없이 좋아할 거야."

"그 사람이 누군데?"

"성경에서 말씀하신 메시아라고 생각해. 족보 상으로는 요셉의 아들이야, 다윗의 후손이지. 성경적으로 맞지 않아? 세례 요한 선생님도 말씀하셨어. 나도 그렇게 믿어. 너도 가 보자."

"그분 고향이 어딘데?"

"나사렛이래."

"나사렛에서 무슨 메시아가 나온다는 말이야? 성경에 그런 말이 어디 있어?"

이 말로 미루어 보아서 빌립과 나다나엘은 성경을 잘 아는 사람들입니다. 구약 성경에는 메시아가 나사렛에서 나온다는 말이 없습니다. 베들레헴에서 나온다고 했을 뿐입니다. 나중에 예수님의 족보를 따지고 행적을 연구해 보니 베들레헴에서 태어나 애굽으로 피난 갔다가 갈릴리 나사렛으로 다시 온 과정을 이해했지만, 처음에는 나사렛에서 기다리던 메시아가 올 것이라고는 아무도 생각지 못했습니다. 그래서인지 나다나엘은 일단 부정합니다. 그러나 빌립은 "와서 보라"(46절)고 말합니다. 무슨 뜻일까요?

"나도 처음에는 너처럼 생각했다. 그러나 직접 예수님을 만나 보니 생각이 달라지더라. 너도 약속된 메시아를 머릿속으로만 기다리지 말고 직접 가서 그분을 만나 봐. 그러고 나서 네 스스로 판단해."

빌립이 확신에 차서 말하니까 나다나엘은 의심하면서도 따라갑니다. 메시아를 만나고 싶었거든요. 그 걸음이 힘찼겠습니까? 얼굴을 확펴고 기대하는 표정이었을까요? 찡그린 얼굴로 터벅터벅 걸어왔겠지요. 그를 보고 예수님이 말씀하십니다.

"예수께서 나다나엘이 자기에게 오는 것을 보시고 그를 가리켜 이르시되 보라 이는 참으로 이스라엘 사람이라 그 속에 간사한 것이 없도다"(47절)

이 말씀을 풀어 보면 "이 사람은 마음이 참 깨끗하구나! 한결같은 사람이다, 정말 하나님과 말씀을 사랑하고 메시아를 간절히 기다리는 사람이구나!" 이런 뜻입니다. 최고의 찬사입니다. 나다나엘은 그런 예수님께 "어떻게 저를 아십니까?" 하고 묻습니다. 예수님이 대답하십니다.

"… 빌립이 너를 부르기 전에 네가 무화과나무 아래에 있을 때에 보았노라" (48절)

빌립이 너를 부르기 전에! 주님은 여기서 나다나엘의 생각을 바꾸어 주십니다. 나다나엘은 친구가 자기를 불렀고, 스스로 여기까지 왔다고 생각했습니다. 그러나 사실은 주님이 빌립을 통하여 나다나엘을 부르신 것입니다.

"무화과나무 아래에 있을 때"는 무슨 뜻일까요? 이스라엘 사람들에게 무화과나무는 특별한 의미가 있습니다. 무화과나무의 높이는 한

5미터 정도 되고, 가지가 쫙 펴지면 너비는 약 8미터 정도가 된다고 합니다. 잎이 비교적 크기 때문에 그늘도 많이 생깁니다. 그래서 사람들이 그 밑에서 쉬기도 하고, 책도 읽고, 묵상을 하거나 기도도 합니다. 우리식으로 말하면 마을 어귀에 있는 작은 정자 같은 개념입니다. 무화과나무 아래서 나다나엘은 하나님의 말씀을 읽고 기도하면서 약속된 메시아가 아직 오지 않음에 탄식했을 것입니다. 하나님 나라를 사모하면서 "언제 오시는가, 빨리 오셔서 이 나라를 구원해 주셔야 할 텐데" 했을 것입니다. 그렇게 가슴 졸이고 애태우며 기도했는데, 주님이 그런 그의 모습을 보았다고 말씀하신 것입니다.

더군다나 나다나엘이 무화과나무 아래에 있었다는 것은 기도할 때에 사람들의 눈에 띄지 않았다는 말입니다. 위선자가 아니라는 말입니다. 이게 무슨 말일까요? 예수님 당시로 돌아가 보면 그 의미를 분명히 알 수 있습니다. 당시에는 서기관과 바리새인들이 기도하거나 말씀을 읽을 때 자신의 경건함을 드러내기 위해서 금식하면서 시장을 걷고, 남들이 볼 수 있게 공개된 장소에서 기도했습니다. 그들은 위선에 빠져 있었습니다. 그런데 무화과나무 아래는 눈에 띄는 자리가 아닙니다. 그는 아무도 모르게, 그러나 간절하게 성경을 읽고 기도하며 메시아를 기다렸던 것입니다.

기도는 나의 가장 진실한 순간입니다. 기도는 내 영혼의 상태를 가장 분명하게 드러내는 시간입니다. 이 시간이 공허하다면 어떨까요? 그 영혼은 공허한 것입니다. 그런데 그는 아주 뜨겁게 그 시간을 보낸 것 같습니다. 몸부림치며 기도했습니다. 그의 영적 상태가 어떤지 짐작할 수 있겠지요? 남들의 시선을 의식하지 않고 성경을 연구하고 기도하며 이스라엘을 구원하실 메시아를 간절히 기다린 사람입니다. 아무도 모르게 혼자 몸부림친 사람입니다. 그런데 예수님이 그 모습을 보셨다는 것입니다. 지나가다가 눈여겨보셨는지, 안 보고도 아셨는지 몰라도, 중요한 것은 예수님이 그의 마음을, 그의 몸부림을 보셨다는 것입니다.

아무도 모르는 나만의 기도

제가 수서교회에 처음 부임했을 때 참 어려웠습니다. 그러나 매년 부흥했고, 그렇게 10년이 흘렀습니다. 칭찬도 받았습니다. 그런데 내 마음 깊은 곳에 하나님은 나를 어떻게 평가하실까 궁금했습니다. 세상 사람들의 평가가 아니라 하나님의 평가, 하나님의 종으로서 10년간 해온 사역을 하나님은 어떻게 평가하실까 궁금했습니다. 그래서 어떤 기도원에 가서 기도하는데, 그곳 원장님이 저에게 안수 기도를 해 주면서 이렇게 말했습니다.

"목사님의 사역을 하나님이 기뻐하십니다. 착하고 충성되다고 하셨습니다."

저는 그 원장님을 몰랐습니다. 제가 누군지, 무엇을 하는지 말한 적이 없어요. 그것은 분명 하나님의 음성이었습니다. 어떻게 내 마음을 아시고 꼭 필요한 말씀을 해 주실 수 있는지, 너무나 감격해서 눈물을 펑펑 쏟았습니다.

무화과나무 아래에 있을 때 너를 보았다는 말을 들은 나다나엘은 어떤 느낌이었을까요? 마음이 완전히 녹아 버립니다. 왜냐하면 너무나 큰 위로를 받았기 때문입니다. 어디다 하소연할 데 없는 내 마음 깊은 곳을 알아주니 얼마나 감격스러웠겠습니까? 이것은 몸부림을 쳐 본 사람만 아는 것입니다.

나다나엘이라고 해서 하나님 앞에 부끄러운 시간이 없었을까요? 자는 시간도 있었을 것이고, 싸우는 시간도 있었을 것이고, 쓸데없이 보낸 시간도 많았을 것입니다. 그러나 주님은 "네가 거기서 기도하는 것을 보았다"고 말씀하십니다. 만약 주님이 내게 찾아와 이렇게 말씀해 주시면 어떨 것 같습니까? "네가 커피숍에서 아무개 집사와 이야기 나누는 것을 보았다"고 말씀하신다면 어떨까요? 뜨끔할 수도 있고, 좋을 수도 있습니다. 그렇다면 "네가 성전에서 홀로 기도하는 것을 보았다, 네 눈물을 보았다"고 말씀하시면 어떻겠습니까? 내가 혼자 기도하는 것을 아무도 모릅니다. 홀로 몸부림쳤을 뿐입니다. 하루이틀이 아니고 긴 시간 매일같이 눈물을 흘렸습니다. 그런데 주님이 "내가 네 눈물을 보았다"고 말씀해 주신다면 이런 위로가 또 어디에 있겠습니까? 엄청난 감격일 것입니다.

그런데 주님이 정말 그렇게 말씀하셨습니다. 하나님의 사람으로 바르게 살려고 몸부림치는 순간을 예수님이 보셨습니다. 주님은 기도하는 자를 주목하십니다. 이것을 기억하기 바랍니다. '하나님이 내 기도를 들으실까?' 의심하지 마십시오. 주님은 분명히 들으십니다. 확실히 보고 계십니다. 내가 기도하는 시간을 주님이 가장 기뻐하십니다. 기도는 그 사람이기 때문입니다.

나다나엘은 살면서 여러 종류의 시간을 보냈고, 그 삶의 장면들은 다양했을 것입니다. 물론 주님은 그 순간들을 다 아십니다. 그렇지만 주님이 주목해 보셨던 시간은 그가 기도할 때였습니다. 마음의 소원을 주님께 아뢸 때, 주님은 우리를 주목하십니다. 주님이 나를 아신다는 것이 얼마나 행복한 일입니까? 주님이 나를 보신다는 것은 또 얼마나 감격스러운 일입니까? 예수님이 그의 깊은 속을 어루만져 주시자 나다나엘은 너무 기뻤습니다. 나다나엘은 주님이 너의 기도를 아신다고 하자 너무 감격해서 외칩니다.

"나다나엘이 대답하되 랍비여 당신은 하나님의 아들이시요 당신은 이스라엘의 임금이로소이다"(49절)

나다나엘은 '아, 이분은 날 아시는구나, 아무에게도 말하지 않았던 내 고민과 눈물과 진실을 다 알고 계시는구나, 이분이야말로 진정한 메시아로구나!' 하고 생각했습니다. 주님은 그 말을 듣고 대답하십니다.

"예수께서 대답하여 이르시되 내가 너를 무화과나무 아래에서 보았다 하므로 믿느냐 이보다 더 큰일을 보리라"(50절)

예수님의 말을 풀어 보면, "뭘 그것 가지고 그러느냐? 내가 네 마음을 이해했다고 놀라고 감격했느냐? 그 정도가 아니다, 이보다 더 큰일을 볼 것이다"라고 말씀하신 것입니다. 기도하는 사람은 더 큰일을 보

깨어 기도할 수 없겠느냐

게 되어 있습니다. 하늘이 열리고 천사들이 오르락내리락하는 것을 보게 될 것입니다. 기도하는 사람에게 하늘 문이 열립니다.

> "또 이르시되 진실로 진실로 너희에게 이르노니 하늘이 열리고 하나님의 사자들이 인자 위에 오르락내리락하는 것을 보리라 하시니라"(51절)

학자들 중에는 이 본문을 근거로 주님이 나다나엘을 보셨을 때 그가 창세기 28장을 읽고 있었다고 추측하기도 합니다. 야곱이 광야를 헤매다가 잠이 들었을 때 꿈에 천사들이 사닥다리를 오르락내리락 하는 것을 보았습니다. 천사들이 야곱의 기도를 가지고 하나님께로 올라가고, 하나님의 응답을 가지고 내려오는 꿈이었습니다. 나다나엘은 이 부분을 읽으면서 '나도 이렇게 하나님의 응답을 받을 수 있다면 얼마나 좋을까?' 하고 생각하며 간절히 기도했을지도 모릅니다. 그렇다면 나다나엘은 더 크게 놀랐을 것입니다.

"인자 위에 천사가 오르락내리락" 한다는 것이 무슨 말일까요? '주님이 진정한 의미의 사다리다'라는 뜻입니다. 하늘과 땅을 연결하는 사다리, 하나님과 죄인 사이를 이어 주는 중보자이며 메시아라는 뜻입니다. 그러니까 지금 주님은 나다나엘에게 "너는 나를 통하여 하늘나라를 경험할 것이다. 하늘 문이 열리고 하나님의 영광을 보고 하나님의 사람으로 서게 될 것이다, 이런 엄청난 역사가 앞으로 있을 것이다"라고 약속하신 것입니다.

우리의 무화과나무 아래는 어디입니까? 눈물 흘리며 기도하는 자리,

애통하며 주님을 기다리는 자리는 어디입니까? 그 자리가 있어야 합니다. 내가 늘 기도하는 곳, 그 자리를 가지고 살기 바랍니다. 우리의 무화과나무 아래는 대개 성전입니다. 아니면 특별한 골방일 수도 있습니다.

"거기서 네가 나를 부르고, 기도하며, 몸부림치는 것을 내가 보았다."

하나님의 이 음성을 들을 수 있기를 바랍니다. 하루에 정한 시간을 주님 앞에 올려 드리며, 주님과 이런 감격을 나누고 교통하게 되기를 바랍니다.

기도 ──────────────────────────────

하나님 아버지.

예수님이 나다나엘에게 해 주신 말씀을 오늘 우리도 듣게 하소서. 내 삶에 기도의 빈곤이 없게 하시고, 하나님이 나의 은밀한 기도를 보고 계신다는 것을 잊지 않게 하소서. 아멘.

† 나다나엘은 예수님과의 대화에서 왜 감격했을까요?

_____

_____

_____

† 나의 무화과나무는 어디인가요?

_____

_____

_____

† 하나님께 직접 인정받고 칭찬받은 경험이 있나요? 있다면, 하나님이
   어떻게 칭찬해 주셨는지 나눠 봅시다.

_____

_____

_____

14

누가 내게
손을 대었느냐

✦

마가복음 5:25-34

²⁵ 열두 해를 혈루증으로 앓아 온 한 여자가 있어

²⁶ 많은 의사에게 많은 괴로움을 받았고 가진 것도 다 허비하였으되 아무 효험이 없고
도리어 더 중하여졌던 차에

²⁷ 예수의 소문을 듣고 무리 가운데 끼어 뒤로 와서 그의 옷에 손을 대니

²⁸ 이는 내가 그의 옷에만 손을 대어도 구원을 받으리라 생각함일러라

²⁹ 이에 그의 혈루 근원이 곧 마르매 병이 나은 줄을 몸에 깨달으니라

³⁰ 예수께서 그 능력이 자기에게서 나간 줄을 곧 스스로 아시고 무리 가운데서 돌이켜
말씀하시되 누가 내 옷에 손을 대었느냐 하시니

³¹ 제자들이 여짜오되 무리가 에워싸 미는 것을 보시며 누가 내게 손을 대었느냐 물
으시나이까 하되

³² 예수께서 이 일 행한 여자를 보려고 둘러 보시니

³³ 여자가 자기에게 이루어진 일을 알고 두려워하여 떨며 와서 그 앞에 엎드려 모든
사실을 여쭈니

³⁴ 예수께서 이르시되 딸아 네 믿음이 너를 구원하였으니 평안히 가라 네 병에서 놓
여 건강할지어다

깨어 기도할 수 없겠느냐

덴마크의 철학자 키에르케고르(S. Kierkegaard)는 "행복의 90퍼센트는 관계에 달려 있다"고 말했습니다. 소유와 건강도 중요합니다. 그러나 관계가 좋아야만 건강도 소유도 복되고 즐거울 수 있습니다.

나이가 들수록 관계의 중요성은 더 커집니다. 우리는 '관계' 하면 인간관계만 생각하는데, 아닙니다. 더 중요한 것은 하나님과 나와의 관계입니다. 모든 관계의 근본이 하나님과의 관계에서 파생되기 때문입니다. 나와 하나님, 나와 다른 사람, 그리고 나와 나 자신의 관계가 바르게 이루어지면, 이것이 '샬롬'입니다.

우리는 흔히 다툼과 갈등이 없는 것을 평화, 즉 샬롬이라고 생각하는데, 아닙니다. 진정한 평화는 싸움이 없는 것보다 훨씬 더 큰 개념입니다. 행복한 관계, 이것이 샬롬입니다. 이스라엘 사람들은 샬롬을 이상적인 삶으로 보았습니다. 우리 삶에 진정한 샬롬이 있기를 바랍니다. 그리고 이것을 위해 기도해야 합니다.

모든 것을 잃어버린 여인

마가복음 5장에는 열두 해 동안 혈루증을 앓던 여자가 나옵니다. 혈루증이란 여성의 자궁에서 불규칙적으로 피가 흐르는 만성 하혈증입니다. 그 당시 혈루증은 부정한 것으로 인식이 되어 이 병에 걸리면 사회생활이 불가능했습니다. 레위기 15장에 의하면 혈루증 환자가 만진 것은 다 부정한 것이 됩니다. 그래서 이 병이 있는 사람은 누군가 옆으로 가까이 오면 "저는 부정한 사람입니다, 가까이 오지 마세요" 하고 외쳐야만 했습니다.

여자는 의사들로부터도 많은 괴로움을 받았고, 재물도 다 허비했습니다. 의사들이 하라는 대로 이런 저런 방법을 다 써 봤는데 소용이 없었다는 말입니다. 고생은 고생대로 했고, 돈은 돈대로 나갔고, 실망은 실망대로 했습니다. 더 슬픈 것은 이런 병에 걸리면 성전에도 갈 수 없습니다. 힘들고 어려울 때 성전에 나가서 위로를 받고 회복해야 하는데 부정하다고 성전에도 들어갈 수 없으니, 이 여자의 삶이 어떠했을지 짐작이 되십니까? 육체적으로, 사회적으로, 신앙적으로 모든 관계가 다 망가져 버렸습니다. 하나님과 사람들로부터 버림을 받은 채 처절하게 외롭고 고통스러운 시간을 보내야 했습니다. 사는 게 사는 게 아닌 삶이었다는 말입니다.

그런데 이 여자가 예수님의 소문을 들었습니다. 그분은 모든 병을 고치고, 다른 의사와는 다르게 괴로움을 주지도 않고, 돈도 받지 않고, 사랑과 긍휼로 환자들을 대해 준다는 얘기를 듣고 예수님을 찾아가기로 결심합니다. 하지만 여자는 예수님을 찾아가서도 뾰족한 수가 없습니다. 예수님 앞에 가서 "제 병을 고쳐 주세요" 해도 고침을 받을까 말까인데, 사람들이 많은 곳으로 갈 수가 없는 상황입니다. 이 여자가 부정한 사람이라는 것을 알면 사람들이 돌을 던지며 멀리 떨어지라고 소리를 지르고 공격할 것이 분명하기 때문입니다. 들키면 쫓겨날 수밖에 없습니다.

여자는 자기의 질병을 숨기기로 결심합니다. 그래서 조용히 예수님께 다가갑니다. 그러나 얼마나 많은 사람이 예수님 주변에 모여들었는

깨어 기도할 수 없겠느냐

지, 그 군중을 헤치고 나가기가 너무 힘들었습니다. 대부분의 사람은 이럴 때 어떻게 할까요? 소리를 지릅니다. "다윗의 자손 예수여, 나를 고쳐 주소서!" 하면 예수님이 듣고 뒤를 돌아보셨습니다. 그러면 그 찰나에 손을 내밀어 겨우 예수님을 만날 수 있었습니다. 그런데 여자는 그럴 수도 없습니다. 그냥 얼굴을 푹 숙이고, 있는 힘을 다해 사람들을 헤치고 예수님께 가야 합니다. 예수님 앞에 선다고 해도 자신의 상황을 말할 수 없습니다. 여자의 답답함은 실로 엄청난 것이었습니다. 그래서 이 여자가 생각한 것이 무엇이었을까요?

"이는 내가 그의 옷에만 손을 대어도 구원을 받으리라 생각함일러라"(28절)

'예수님 옷자락에 손이라도 대면 낫겠다'고 생각했습니다. 그 이상은 생각할 수 없었습니다. 그래서 죽을 힘을 다해 다가갔습니다. 마침내 아주 살짝 예수님의 옷자락에 손을 댔습니다. 그 순간 사건이 벌어졌습니다.

"이에 그의 혈루 근원이 곧 마르매 병이 나은 줄을 몸에 깨달으니라"(29절)

여자는 자기 병이 나은 것을 확실히 느꼈습니다. 혈루의 근원이 말라버렸다는 것을 그냥 알게 되었습니다. 이제 빨리 자리를 떠나야 합니다. 그래서 돌아서서 가려고 하는데 예수님이 말씀하십니다.

"예수께서 그 능력이 자기에게서 나간 줄을 곧 스스로 아시고 무리 가운데서 돌이켜 말씀하시되 누가 내 옷에 손을 대었느냐 하시니"(30절)

여자가 얼마나 놀랐을까요? 살짝 도망가려고 했는데 들키고 말았습니다. 등골이 오싹했을 것입니다. 아무 말도 못 하고 서 있는데 제자들이 도와줍니다.

"제자들이 여짜오되 무리가 에워싸 미는 것을 보시며 누가 내게 손을 대었느냐 물으시나이까 하되"(31절)

"사람들이 이렇게 밀치고 난리인데 누구라도 닿을 수 있지 않겠습니까? 그러니 신경쓰지 마시고 가던 길을 가시지요" 이렇게 말했습니다. 여자는 그 말을 듣고 한숨을 돌렸습니다. 그래서 그냥 가려고 했는데, 예수님과 눈이 마주쳤습니다. 예수님이 여자를 쳐다보고 계셨던 것입니다.

저는 이 부분을 읽으면서 예수님이 왜 이렇게 하셨을까 생각했습니다. 예수님이 여자의 처지를 모르셨을까요? 조용히 가게 내버려 두어도 되지 않았을까요? 여자의 부끄러움을 드러내서 뭐 합니까? 예수님처럼 인격적인 분이 왜 일부러 이렇게 잔인하게 행동하시는 걸까요? 여자는 너무나 놀라고 두려워서 어쩔 줄 모르다가 결국 자기를 드러내고 예수님 앞으로 나옵니다.

깨어 기도할 수 없겠느냐

"여자가 자기에게 이루어진 일을 알고 두려워하여 떨며 와서 그 앞에 엎드려 모든 사실을 여쭈니"(33절)

여자는 자신의 형편을 예수님 앞에 털어놓았습니다. 모든 것이 망가졌던 자신의 삶을 주님 앞에 내려놓았습니다. 그러자 예수님은 "너 때문에 나도 부정해졌다, 어찌 감히 부정한 몸으로 나를 만졌느냐? 왜 내 능력을 훔쳐갔느냐?" 하며 야단치시지 않았습니다. 오히려 여자를 향해서 이렇게 말씀하십니다.

"예수께서 이르시되 딸아 네 믿음이 너를 구원하였으니 평안히 가라 네 병에서 놓여 건강할지어다"(34절)

예수님은 그를 "딸아" 이렇게 부르십니다. "너는 내 딸이다"라고 선포하셨습니다. 그리고 "평안히 가라, 네 병에서 놓였다, 앞으로 건강할 것이다"라고 말씀하셨습니다. 12년 동안의 모든 어두운 과거를 치료하면서 샬롬을 선언하십니다. 수치와 슬픔을 내려놓고 이제 평안하라고 하셨습니다. 아버지에게 딸은 너무도 사랑스러운 존재입니다. 아버지는 사랑하는 딸에게 샬롬의 복을 주십니다. 이 샬롬이야말로 히브리 사람들이 가장 갈망하는 것입니다.

여자가 얻은 샬롬은 구체적으로 어떤 것일까요? 먼저는 하나님과의 샬롬입니다. 여자는 질병을 앓으면서 하나님이 어떤 분이라고 생각했을까요? 하나님은 무서운 분, 나를 미워하고, 정죄하고, 가까이 갈 수 없는 분이라고 생각했습니다. 그러나 이제 하나님은 무서운 아버지, 심판자 하나님이 아닙니다. 그분은 나의 아버지 하나님이고, 나는 그분의 딸이 된 것입니다. 하나님과의 평화, 하나님과의 진정한 샬롬이 이루어졌습니다. 이것은 최고의 영적 행복입니다.

또한 사람들과도 샬롬이 이루어졌습니다. 이제 사람들은 이 여자가 나았다는 것을 알았습니다. 그러므로 여자는 사람들과 새로운 관계를 맺어 샬롬의 관계를 회복할 수 있게 되었습니다. 만약 예수님의 공개적인 치료의 선포가 없었다면 여자는 건강해졌지만 다른 사람과의 관계를 해결하지 못했을 것입니다. 그러나 이제 이 여자는 사회로부터 건강한 여자, 정결한 여자로 인정을 받았습니다. 다른 사람들과 더불어 살아갈 수 있게 된 것입니다. 사람들과의 샬롬을 회복한 것입니다.

마지막으로 자기 자신과의 샬롬이 이루어집니다. 그동안 '나는 죄인이다, 버림받았다'는 무거운 정죄의식에 눌려 있었는데, 이제는 하나님과 사람들과 샬롬이 이루어졌으니 얼마나 행복합니까?

자, 이제 여러분이 평가해 보세요. 예수님이 여자를 불러 세워서 "누가 내 몸에 손을 대었느냐?"라고 물었던 것이 잘못인가요? 아닙니다. 완전한 치료를 위한 주님의 사랑이었습니다. 만약에 여자가 예수님의 능력을 힘입어서 질병만 치료받고 그냥 돌아갔다면 어떻게 되었을까요? 병을 고치기는 했겠지만 그것으로 끝입니다. 그러나 예수님이 부르셨기 때문에 주님을 인격적으로 만났습니다. 그 결과 샬롬이 회복되었습니다. 기도를 통해서 내 소원만 이루어지면 그것이 기도의 전부일까요? 기도는 그것을 넘어서는 것입니다. 주님과의 인격적인 만남을

깨어 기도할 수 없겠느냐

통해 진정한 샬롬을 회복하는 것입니다.

소리 없는 기도도 들으신다

예수님은 누가 자신에게 손을 대었는지 어떻게 아셨을까요? 몸에서 능력이 나갔기 때문일까요? 예수님의 옷을 만지는 여자의 마음은 어떠했을까요? 그 여자의 영혼 깊은 곳에서 나오는 소리는 무엇이었을까요? 손은 살짝 댔지만 마음으로는 너무나 간절하고 처절하게 부르짖는 소리가 있지 않았을까요?

"하나님, 저를 버리지 마시고 제발 고쳐 주소서. 예수님이 아니면 나는 더 이상 희망이 없습니다."

다양한 기도가 있지만 소리를 내지 못하는 기도도 있습니다. 소리를 내어 입으로 말할 수가 없습니다. 저는 이런 기도 소리를 들은 적이 있습니다. 묵음의 기도입니다. 너무 고통스러워 소리를 낼 수조차 없는 것입니다. 너무나 간절하지만 세상 시선 때문에 너무나 부끄러워 속으로만 외치는 것입니다. 트라우마가 많아서 두렵고, 수치스럽고, 민망하고, 너무도 서럽고 말로 할 수 없어서 신음소리 밖에는 낼 수 없는 것입니다. 울고 싶지만 옆에 사람이 있어서 소리 내서 울 수도 없습니다. 이렇게 우리 주변에는 털어놓을 수 없는 문제들을 안고 신음하는 사람들이 있습니다. 예를 들면, 오늘도 북한 땅에 있는 지하교회 성도들은 소리 내어 기도하지 못합니다. 금붕어 기도만 합니다. 금붕어 찬송도 있습니다. 밖으로 소리가 나갈까 봐 입만 뻥끗뻥끗하는 것입니다. 얼마나 마음이 아픕니까? 소리 내어 기도하는 것도 호사입니다.

코로나 시대에 교회가 이렇게 되었습니다. 장례식장에서 우리는 소리 내지 못하고 입만 뻥끗거리며 찬송을 했습니다. 저는 장례식을 인도하면서 여러 번 "소리 내서 부를 수 없으니 이 찬송가를 조용히, 그리고 천천히 읽겠습니다" 하고는 가사를 읽었습니다. 기가 막힌 일입니다. 그러나 그러면서 깨달았습니다. 하나님은 큰소리만 들으시는 분이 아니라는 것을! 소리가 나지 않는 마음속 간절한 기도도 하나님은 듣고 응답하신다는 것을!

소리 없는 기도도 기도입니다. 아무리 말하기 어렵고, 민망하고, 수치스러운 내용이라도, 사정이 너무나 복잡해서 말로 다 설명할 수 없는 내용이라도 하나님은 들으십니다. 그러므로 하나님 앞에는 모든 것을 털어놓을 수 있습니다. 비록 소리를 내어 기도할 수는 없지만, 아무 말도 못 하고 예수님의 옷깃을 붙잡는 간절한 마음으로 기도하면 하나님은 들으십니다. 그리고 사람 앞에는 다 말할 수 없지만 하나님께는 다 고백할 수 있습니다. 일일이 다 말하지 않아도 하나님은 다 알아들으십니다.

옛날 제 어머니께서 이런 말을 해 주셨습니다.

"하나님은 '하호' 라고 해도 알아들으시는 분이란다."

"그게 무슨 말이에요?"

"어떤 사람이 산길을 걸어가는데, 호랑이가 나타났어. 너무 무서워서 '하나님, 호랑이가 나타났습니다'라고 말하지 못하고 '하! 호!' 하고 외마디 소리만 질렀단다. 그런데 호랑이가 가만히 쳐다보더니 그냥 사라

깨어 기도할 수 없겠느냐

졌다지 뭐냐? 하나님은 완전하지 않은 기도도 들으신단다. 기도하는 사람의 마음의 소리를 들으시기 때문이야."

제가 신학생 때 한 수도원에 가서 산기도를 했습니다. 그곳은 깊은 산속에 있어서 맘 놓고 소리 지르며 기도할 수 있었습니다. 한참 기도하고 있는데, 깊은 밤에 어떤 남자의 기도 소리가 들려왔습니다. 50대쯤 된 남자의 목소리였습니다. 그는 "하나님, 아시지요?"만 반복했습니다. '무슨 저런 기도가 있나?' 생각했는데, 남자의 기도는 두 시간 넘게 이어졌습니다. 그 긴 시간 동안 "하나님, 아시지요?"만 반복하는데, 가슴이 찡했습니다. '얼마나 답답하면 저럴까? 유창한 기도가 다가 아니구나' 하는 생각을 한 적이 있습니다.

기도의 목적이 무엇일까요? 첫째는 치료되는 것, 간구하는 문제의 해결입니다. 그럼 건강을 회복했으니 끝인가요? '이제 옛날로 돌아가자, 원하던 것을 이뤘으니 이제는 내 맘대로 살아야지' 하는 것입니까? 아닙니다. 둘째는 하나님과의 관계가 회복되는 것, 셋째는 하나님께 영광을 돌리고 내 삶이 주님에 의하여 쓰임을 받는 것입니다. 우리 모두 기도를 통해 진정한 샬롬을 누리기를 바랍니다.

하나님 아버지.

말로 표현할 수 없는 기도, 소리 없는 절규까지 하나님은 들으신다는 것을 잊지 않게 하소서. 문제가 해결되는 것에서 끝내지 않고, 하나님과의 관계가 회복되기까지 기도하게 하소서. 주님께 쓰임받고 하나님께 영광 돌리며 진정한 샬롬을 누리는 인생이 되게 하소서. 아멘.

† 혈루증을 앓던 여자가 예수님께 나온 이유는 무엇인가요?

_____

_____

† 예수님이 이 여자를 다른 사람들 앞에 드러내신 이유는 무엇인가요?

_____

_____

† 기도를 통해 주님이 나에게 주시는 샬롬은 무엇인가요?

_____

_____

15

아버지의 원대로
되기를

✦

마태복음 26:36-46

36 이에 예수께서 제자들과 함께 겟세마네라 하는 곳에 이르러 제자들에게 이르시되
내가 저기 가서 기도할 동안에 너희는 여기 앉아 있으라 하시고

37 베드로와 세베대의 두 아들을 데리고 가실새 고민하고 슬퍼하사

38 이에 말씀하시되 내 마음이 매우 고민하여 죽게 되었으니 너희는 여기 머물러 나와
함께 깨어 있으라 하시고

39 조금 나아가사 얼굴을 땅에 대시고 엎드려 기도하여 이르시되 내 아버지여 만일 할
만하시거든 이 잔을 내게서 지나가게 하옵소서 그러나 나의 원대로 마시옵고 아버
지의 원대로 하옵소서 하시고

40 제자들에게 오사 그 자는 것을 보시고 베드로에게 말씀하시되 너희가 나와 함께 한
시간도 이렇게 깨어 있을 수 없더냐

41 시험에 들지 않게 깨어 기도하라 마음에는 원이로되 육신이 약하도다 하시고

42 다시 두 번째 나아가 기도하여 이르시되 내 아버지여 만일 내가 마시지 않고는 이 잔
이 내게서 지나갈 수 없거든 아버지의 원대로 되기를 원하나이다 하시고

43 다시 오사 보신즉 그들이 자니 이는 그들의 눈이 피곤함일러라

44 또 그들을 두시고 나아가 세 번째 같은 말씀으로 기도하신 후

45 이에 제자들에게 오사 이르시되 이제는 자고 쉬라 보라 때가 가까이 왔으니 인자가
죄인의 손에 팔리느니라

46 일어나라 함께 가자 보라 나를 파는 자가 가까이 왔느니라

덴마크의 철학자 키에르케고르는 기도에 대해 이렇게 말했습니다.

"기도는 하나님을 변화시키는 것이 아니라 기도자를 변화시키는 것이다."

우리는 내가 하나님을 바꾸는 것이 기도라고 생각합니다. 그러나 그 기도가 정말 바람직할까요? 내가 하나님을 바꾸는 것이 좋을까요, 내가 하나님의 뜻에 따라 바뀌는 것이 좋을까요? 어느 것이 좋을까요? 내가 바뀌어야 하지 않겠습니까? 그것이 당연하며, 옳은 것입니다.

기도가 왜 힘이 듭니까? 내가 하나님을 변화시키려고 하기 때문입니다. 그리고 내 기도를 들어주시지 않았다고 생각해서 기도에 실망합니다. 그것 때문에 시험에 들기도 합니다. 능력 있는 기도는 어떻게 해서든지 하나님이 내 말을 들어주시게 만드는 것이라고 생각합니다. 그래서 기도가 변질됩니다. 이것을 생떼 기도라고 합니다.

기도가 생떼가 되지 않으려면 반드시 헌신이 들어가야 합니다. 기도에는 다섯 단계의 순서가 있습니다. 찬양-감사-회개-간구-헌신입니다. 찬양은 하나님을 높여 드리는 것이고, 감사는 나에게 해 주신 일에 감사하는 것입니다. 이것을 통해 여호와의 궁정에 들어가는 것입니다(시 100편). 그리고 나서 회개를 통해 내 욕심을 내려놓고 정결하게 합니다. 그 후에 내가 필요한 것, 내 뜻을 아뢰고, 마지막으로 헌신합니다. "내 원대로 마시고, 아버지의 원대로 되기를 원하나이다"라고 고백하고 결과를 하나님께 맡기는 것입니다.

한국 교인들 정말 기도 많이 하지요. 세계 어디 내놔도 자랑스러울 정도입니다. 그런데 유독 헌신이 부족합니다. 그래서 기도는 많이 하는

데, 바뀌지 않습니다. 똥고집만 많아지고, 더 완고해집니다. 하나님도 이기려 들고 자기 포기를 못 합니다. 산에 기도하러 가서 소나무 뿌리를 뽑고 온다고 하는데, 그만큼 간절한 것은 좋지만 하나님을 바꾸려고 몸부림을 칩니다.

예수님도 기도하셨습니다. 특히 겟세마네 동산에서의 기도를 핵심 기도로 꼽습니다. 예수님의 기도를 통해 기도의 기초를 다시 배워야 합니다.

예수님의 기도는 응답을 받았는가

예수님은 늘 기도하셨습니다. 그리고 늘 기도하는 장소가 있었습니다. 그곳이 겟세마네 동산입니다. 예루살렘 부근에 오면 늘 그곳에서 기도했다고 성경은 말씀합니다. 예수님은 문제가 있을 때마다, 중요한 순간마다 기도하며 문제를 해결하셨고, 회복과 치유를 경험하셨습니다.

그런데 예수님께 문제가 생겼습니다. 일생의 가장 어려운 문제였습니다. 그것은 바로 십자가를 지는 것입니다. 이것을 위해 오셨고, 그것이 사명이셨지만 너무나 무겁게 다가왔습니다. 죽기가 겁나셨던 걸까요? 아닙니다. 육신의 죽음보다도 더 큰 것은 온 세상의 죄를 담당하는, 세상 죄를 지고 가는 하나님의 어린 양으로서 죽어 가야 하는, 그 어깨에 놓인 엄청난 영적인 눌림이었을 것입니다. 이것은 거의 숨을 쉴 수 없는 무게였다고 생각합니다. 그리고 하나님으로부터 버림을 받는 시

깨어 기도할 수 없겠느냐

간을 견뎌야 합니다. 쉬운 일이 아닙니다.

그러므로 기도하셨습니다. 십자가 외에 다른 방법은 없는 것일까? 십자가를 져야만 한다면 꼭 이번 유월절인가? 그리고 오늘 밤, 이런 방법으로 가는 것이 맞는가? 다른 방법은 없는가? 그것을 알고자 간절히 기도하셨습니다. 얼마나 애를 썼는지 땀방울이 핏방울같이 되었다고 했습니다. 이것은 피가 모세혈관 벽을 통하여 땀샘에 들어가 나오는 현상이라고 합니다. 너무 힘들고 어려울 때, 필사적으로 몸부림칠 때, 의학적으로 그런 현상이 일어날 수 있다고 합니다. 겟세마네는 기름을 짠다는 뜻입니다. 올리브나무가 많아서 그런 이름이 붙었습니다. 예수님은 그곳에서 온 힘을 다 짜내며 결사적으로 기도했습니다.

마태복음 26장에 등장하는 예수님의 세 번의 기도를 살펴보면 그 내용이 조금씩 달라집니다. 첫 번째 기도입니다.

"조금 나아가사 얼굴을 땅에 대시고 엎드려 기도하여 이르시되 내 아버지여 만일 할 만하시거든 이 잔을 내게서 지나가게 하옵소서 그러나 나의 원대로 마시옵고 아버지의 원대로 하옵소서 하시고"(39절)

이 첫 번째 기도에서는 예수님의 의지가 강하게 드러납니다. 피할 수 있다면 피하고 싶다는 생각을 솔직하게 말씀하십니다. 그러나 아버지의 뜻을 따르겠다고 결론짓습니다.

"다시 두 번째 나아가 기도하여 이르시되 내 아버지여 만일 내가 마시지 않고

는 이 잔이 내게서 지나갈 수 없거든 아버지의 원대로 되기를 원하나이다 하시고"(42절)

예수님은 두 번째 기도로 나아가십니다. 여기에서 예수님은 자신의 의지보다 아버지의 의지를 앞세웁니다. 그러나 내 의지가 완전히 사라지지는 않았습니다.

"또 그들을 두시고 나아가 세 번째 같은 말씀으로 기도하신 후"(44절)

예수님은 세 번째 기도를 하십니다. 여기에는 자기 의지가 없습니다. 아버지 뜻에 온전히 순종하겠다는 결심이 서 있습니다.

그렇다면 하나님은 예수님의 기도에 응답을 하셨을까요? 흔히 기도 응답에는 세 가지가 있다고 합니다. "알았다(yes)" "안 된다(no)" "기다려라(wait)"입니다. 셋 중에 어느 것일까요?

예수님의 변화를 보면 알 수 있습니다. 기도를 시작하기 전 예수님은 "내 마음이 매우 고민하여 죽게 되었으니"(38절)라고 하셨습니다. 정말로 기도를 시작하며 괴로워하셨습니다. 그래서 처절하게 기도하셨습니다. 그러나 기도를 끝낸 예수님에게는 고민이 없습니다. 담대해지셨습니다. 제자들에게 "일어나라 함께 가자"(46절) 하시고 붙들려 가서 십자가를 지셨습니다. 이것이 기도한 후에 일어난 변화입니다. 어떻게 이런 변화가 일어났을까요? 결과를 하나님께 맡겼기 때문입니다. 이제 기도한 후에 전개되는 모든 상황을 하나님의 뜻으로 받아

깨어 기도할 수 없겠느냐

들이게 되었습니다.

이것이 기도에 대한 응답인가, 아닌가 헷갈립니다. 십자가를 지지 않게 해 달라고 기도하셨는데, 하나님이 안 들어주신 것 아닙니까? 그러나 아닙니다. "내 원대로 마시고 아버지 원대로 하소서" 하고 자기를 하나님께 드리는 순간, 예수님의 뜻을 하나님께 맡기셨으므로 하나님이 어떻게 인도하든지 예수님의 뜻이 이루어진 것입니다. 다시 말하면 예수님이 기도의 결과를 하나님께 맡기셨으므로 기도 후에 전개되는 현실이 하나님의 뜻이 되는 것입니다. 그리고 그것은 예수님의 기도가 이루어진 것입니다.

놀랍게도 내 기도를 완전히 하나님께 맡기는 순간, 하나님이 나를 빚어 가십니다. 그 사람이 하나님의 뜻에 맞게 변화되는 것입니다. 그래서 하나님의 뜻이 이루어집니다. 그런데 그것이 그 사람을 위한 기도가 됩니다. 하나님이 그를 통해 계획하신 일을 이루십니다. 이런 의미에서 보면 응답되지 않는 기도란 없습니다. Yes도 아니고, No도 아닌, 그것을 넘어서는 응답도 있습니다.

예수님이 기도하시지 않았다면 십자가를 질 수 있었을까요? 없습니다. 기도해야만 십자가를 감당할 수 있습니다. 내 뜻을 내려놓는 순간, 십자가를 질 수 있는 힘을 얻게 되는 것이다. 기도는 이런 것입니다. 내 의지를 앞세우고 끝까지 밀고 나가는 것이 기도의 전부가 아닙니다. 기도는 하나님의 뜻을 구하는 것입니다. 그래서 기도를 많이 하는 사람은 자기 생각을 십자가에 못 박아 버립니다. 하나님의 뜻이 내게서 이루어지도록 그분에게 모든 결정권을 드립니다. 이것이 예수님의 기도입니다.

"패션 오브 크라이스트"라는 영화를 보면 예수님이 십자가에 달려 죽으실 때, 하늘에서 물방울이 떨어집니다. 감독의 상상력이지만, 하나님의 눈물을 표현한 것이지요. 하나님은 예수님을 외면하시지 않았습니다. 눈물을 흘리면서 예수님을 끌어안아 주셨습니다. 그리고 감당할 힘을 주셨습니다. 그 결과 예수님은 의연하게 십자가를 지고 하나님의 뜻을 완수하십니다.

하나님은 예수님이 그것을 감당할 수 있도록 해 주셨습니다. 십자가를 잘 질 수 있도록 도와주시고, 부활시켜 주시고, 모든 이름 위에 뛰어난 이름을 주셨습니다. 이것이 거절인가요? 아닙니다. 아픔을 겪게 하면서도, 감당하게 하면서도, 더 완전한 것을 이루십니다. 응답이 아닌 것 같은 응답이었습니다. 이런 응답도 있습니다. 가장 깊고 위대한 응답입니다.

아버지의 뜻이 내 뜻이 되기를

예수님에게는 자기 뜻이 없었나요? 있었습니다. 그러나 예수님의 뜻은 언제나 하나님의 뜻을 이루는 것이었습니다. 예수님의 뜻은 수동적이지 않고 능동적이었습니다. 아버지의 뜻을 행하기로 뜻을 정하셨습니다. 하나님의 뜻을 예수님의 원칙으로 삼았습니다. 우리도 하나님의 뜻을 알기 전에는 내 마음과 의지가 있습니다. 그러나 하나님의 뜻을 알 때는 하나님의 뜻을 택하고 내 뜻을 거절하는 마음을 가져야 합니다.

우리 소원이 점점 이렇게 되어야 합니다. 저는 목회를 하면서 점점 단순해져 갑니다. "목사님의 소원은 뭡니까?" 하고 묻는다면 이렇게 대답하겠습니다.

"제 소원은 단순해요. 다른 소원이 없습니다. 저를 향한 하나님의 뜻이 이루어지기를 바랄 뿐입니다. 왜냐하면 결국은 하나님의 뜻이 옳고, 더 아름답고, 나를 위한 것임을 알기 때문입니다. 예를 들어 병이 들었다고 합시다. 낫고 싶어요. 그렇게 기도합니다. 그러나 더 중요한 것이 있습니다. 이 병을 통해 하나님은 어떻게 하기를 원하시는가입니다. 과연 하나님은 나를 고치기 원하시는가, 아니면 나를 부르기 원하시는가? 어느 것이 하나님의 뜻인가? 하나님의 뜻이 이루어지길 바랄 뿐입니다."

기도할수록 내 고집이 많아지는 것이 아니라, 하나님의 뜻에 내가 더 붙들려야 합니다. 나이가 들수록 이런 기도가 필요하다고 생각합니다. 내 소원이 없어진다는 것은 생각도 의지도 없는 로봇이 된다는 의미가 아닙니다. 철저히 하나님을 신뢰한다는 말이고, 내 뜻보다 하나님의 뜻이 더 중요하다는 말이고, 내 뜻이 점점 하나님의 뜻과 일치한다는 의미입니다. 그래서 점점 주님의 도구가 되고, 주님과 함께 걸어가는 것입니다.

조지 뮐러가 친구를 위해 평생 기도했는데, 하나님이 그 기도를 들어주시지 않았다고 합니다. 그런데 조지 뮐러의 장례식 날, 그 친구가 주님께로 돌아왔답니다. 하나님이 우리 기도를 안 들어주시는 것 같지요? 사실 다 들어주십니다. 내가 죽은 후에라도 들어주십니다. 이런 의미에서 기도는 손해 볼 일이 없습니다. 예수님처럼 늘 기도하세요. 그리고 간절히 기도하세요. 그리고 맡기세요. 내가 원하는 것보다 아버지가 원하시는 것을 하소서. 나는 따르겠나이다. 그럴 때 하나님은 나에게 가장 좋은 방법으로 역사하실 것입니다.

미국의 전 대통령 로널드 레이건(Ronald W. Reagan)이 어렸을 때, 한평생 잊을 수 없는 경험을 했습니다. 숙모님이 선물로 구두를 하나 사 주겠다고 하셔서 제화점에 따라갔습니다. 구두를 만들기 위해 치수를 재고 나서 한 가지 문제가 남았습니다. 구두코를 사각으로 할지 둥글게 할지 결정할 수가 없었어요. 어떻게 보면 사각이 좋을 것 같고, 어떻게 보면 동그란 것이 좋을 것 같았습니다. 이럴까 저럴까 하다가 결국 나중에 다시 와서 결정하겠다 하고 집으로 돌아왔습니다. 그리고 며칠이 지나도록 결정을 못 하고 잊어버렸는데, 길에서 그 제화점 점원을 만났습니다.

"애, 너 왜 구두를 찾으러 오지 않니?"

"아직 구두코를 어떻게 할 지 결정을 못 했어요."

그러자 그 사람은 걱정할 필요 없다고, 이미 다 만들어 놨으니 가 보자고 해서 함께 구두점에 갔습니다. 그때 레이건은 중요한 것을 깨닫습니다. '내가 결정을 못 하면 다른 사람이 결정한다. 그러면 나는 그 결정에 따라가야 한다. 계속 그러다 보면 나라는 존재는 없어지고 말 것이다. 언제나 내가 결정하고 가야 한다. 그리고 내가 책임을 져야 한다.' 이 생각은 레이건 평생의 생활철학이 됐다고 합니다.

자기의 의견이 분명해야 합니다. 자기 생각을 가지고 살아야 해요.

깨어 기도할 수 없겠느냐

그러나 무엇보다도 강한 자기 의사는 "나는 하나님의 뜻을 알게 될 때, 그 뜻을 따르겠다, 내 뜻이 분명히 있지만 하나님의 뜻이 분명할 때는 그 뜻을 따른다"가 되어야 합니다. 이 원칙과 의지가 분명해야 합니다.

나는 열심히 노력하는 사람입니다. 누가 나에게 묻는다면 소원을 말할 수 있겠죠. 나는 이것도 원하고 저것도 원합니다. 그러나 모든 것보다 더 원하는 것, 정말로 원하는 것이 있습니다. 나를 향한 하나님의 뜻이 이루어지는 것입니다. 이런 고백을 할 때 내 소원이 주님의 소원이 되는 것입니다. 그 결과 내 기도는 당연히 응답되는 것입니다. 그 기도는 하나님을 기쁘시게 하면서도 내게 꼭 필요한 것을 이루어 갑니다.

"내 원대로 마시고 아버지의 원대로!"

이 기도는 하나마나한 기도가 아닙니다. 이 고백은 진정한 헌신이고 하나님께 자기를 내려놓는 것이며, 동시에 하나님의 도구가 되는 기도입니다. 하나님을 참으로 신뢰하는 자가 드리는 기도이고 하나님의 뜻에 나를 맞추는 기도이며, 거룩한 기도입니다. 이렇게 기도드릴 때 하나님과 내가 더욱 친밀하게 되는 것입니다. 그리고 이렇게 맡길 때 하나님이 책임지는 행복도 알게 됩니다. 그리고 영광을 얻게 됩니다. 우리 모두 이런 성숙한 기도의 사람이 되기를 바랍니다.

하나님 아버지.

뜨겁게 기도하게 하소서. 그러나 나보다 나를 더 잘 아시고, 나를 더 사랑하시는 하나님 아버지의 원대로 되게 하소서. 매 순간의 내 기도에 이 고백이 있게 하소서. 아멘.

† 기도의 순서 다섯 단계가 무엇인지 기억해 봅시다. 내가 기도하면서 종종 빠트리는 단계는 어느 부분인가요?

_____

_____

† 나의 뜻이 아니라, 하나님의 뜻을 따르기 위해 우리는 어떻게 기도해야 할까요?

_____

_____

† 만약 하나님의 뜻을 따르는 기도를 못하고 있다면, 그 이유는 무엇인가요? 기도의 제목을 하나님의 뜻을 따르는 기도로 정하고 한 주 동안 기도해 봅시다.

_____

_____

16

염려 대신
기도를

✦

빌립보서 4:4-7

4 주 안에서 항상 기뻐하라 내가 다시 말하노니 기뻐하라

5 너희 관용을 모든 사람에게 알게 하라 주께서 가까우시니라

6 아무 것도 염려하지 말고 다만 모든 일에 기도와 간구로, 너희 구할 것을 감사함으로 하나님께 아뢰라

7 그리하면 모든 지각에 뛰어난 하나님의 평강이 그리스도 예수 안에서 너희 마음과 생각을 지키시리라

깨어 기도할 수 없겠느냐

인간을 가장 크게 지배하는 감정은 무엇일까요? 두려움입니다. 그리고 거기에 따라오는 염려와 불안입니다. '만일 내가 병든다면, 실직한다면, 누가 내 돈을 훔쳐 간다면, 어떤 사고가 일어난다면, 사랑하는 사람이 먼저 떠난다면 앞으로 나는 어떻게 살지?' 이렇게 답도 없는 질문을 쭉 늘어놓고 해결하기 위하여 몸부림칩니다. 아마 두려움, 근심, 염려가 없는 사람은 나와 봐라! 하면 한 사람도 안 나올 것입니다. 이렇게 대부분의 사람은 근심과 염려와 두려움에 붙들려 살아갑니다.

두려움과 근심과 염려는 우리 인생을 어떻게 만들까요? 미래에 대해 근심하는 사람들이 있었습니다. 그들은 말했습니다.

"어떻게 해서라도 살아남아야 해. 그러니 지금부터 식량과 물자를 모읍시다."

그들은 생필품이며 음식, 살아갈 때 필요한 것들을 열심히 저장하기 시작했습니다. 다른 사람들이 그것을 보고 말했습니다.

"당신들은 이미 넉넉해요. 우린 꼭 필요한 것도 없잖아요. 우리에게 조금만 나눠 줘요."

하지만 그들은 말했습니다.

"안 돼요! 긴급 사태를 대비해서 쌓아 두어야 합니다. 줄 수 없어요."

그러자 다른 사람들이 말했습니다.

"우린 너무 절실해요. 죽어 가고 있어요. 제발 우리에게 식량과 물자를 주세요."

그 말을 들은 사람들은 갑자기 가난하고 굶주린 사람들이 자기들을 공격할까 봐 두려워졌습니다. 그들은 말했습니다.

"낯선 사람들이 우리 것을 훔쳐 가지 못하도록 장벽을 세웁시다."

그들은 높은 장벽을 세우기 시작했습니다. 그러나 걱정이 없어지지 않았습니다. 그들은 다시 대책을 세웠습니다.

"우리가 쌓은 벽은 견고하지 않습니다. 그러니 그 벽 위에 폭탄을 설치해서 아무도 가까이 오지 못하게 합시다."

그러나 폭탄이 설치된 후로부터 그들은 자신들이 설치한 폭탄이 터지지 않을까 공포에 떨기 시작했습니다. 이것이 이 시대 개인과 국가의 모습입니다. 군비 경쟁, 경제 블록화 현상, 사회적 갈등, 전쟁 따위는 근본적으로 두려움과 염려의 산물입니다.

예수님은 말세로 갈수록 사랑이 식을 거라고 말씀하셨습니다. 왜 그럴까요? 두려움 때문입니다. 우리에게는 왜 이렇게 두려움이 가득할까요? 가장 근본 원인은 하나님을 떠났기 때문입니다. 가인을 생각해 보세요. 동생을 죽이고 도망쳐 성을 쌓습니다. 하나님의 은총과 보호막을 잃어버리고, 자기 스스로를 책임져야 하는 인간이 되었기 때문입니다. 누가 자기의 미래를 보장할 수 있습니까? 그럴 수 없기 때문에 인간은 두렵습니다.

그렇다면 어떻게 두려움과 근심과 염려를 이길 수 있을까요? 먼저 하나님께로 돌아와야 합니다. "고난은 위장된 축복이다"라는 말이 있습니다. 고난 그 자체는 힘들지만 그것을 통해 변할 수 있다는 뜻입니다. 그렇다면 고난을 통해서 우리에게 어떤 변화가 있습니까? 기도하게 됩니다. 기도하면 응답을 받습니다. 하나님과 교제가 이루어집니다. 고난이 없으면 사람이 기도하겠습니까? 쉽지 않습니다. 이런 의미에서 고난은 하나님이 나를 부르시는 것입니다.

이것을 깨달으면 인생을 제대로 해석할 수 있습니다. 어떤 일이 생기면 "아이고, 큰일 났다!" 하는 것이 아니라 "아, 하나님이 나에게 기도하라고 하시는구나" 하고 깨닫게 됩니다. 아주 중요한 것이에요. '고난을 안 주면 안 되나?' 생각할 수 있습니다. 그런데 좋은 것만 주면 인간은 하나님께로 나오지 않습니다. 인간이 이렇습니다. 그래서 C.S. 루이스는 "고난이란 하나님의 메가폰이다"라고 말했습니다. 고난은 우리를 부르고 흔들어 깨우는 하나님의 사랑의 외침이요, 돌아오라는 강력한 부름입니다.

행복의 비결은

빌립보서 4장에서는 먼저 진정한 행복의 비결을 제시합니다. 인간에게 필요한 세 가지 차원의 행복이란 무엇일까요?

"주 안에서 항상 기뻐하라 내가 다시 말하노니 기뻐하라"(4절)

행복하고 싶지 않은 사람이 어디 있겠습니까? 다 행복하고 싶지요. 그런데 그러려면 비결이 있습니다. 첫째, "주 안에서" 기뻐해야 한다는 것입니다.

돈 때문에 기뻐하는 사람은 돈과 함께 기쁨을 잃어버립니다. 명예 때문에 기뻐하는 사람은 그것이 없어질 때 낙심합니다. 인기에 민감한 사람은 '사람들이 나를 어떻게 평가할까?' 하는 것 때문에 마음 편할 날이 없습니다. 그러나 기쁨의 근거를 예수님께 두면 달라집니다. 예수님 때문에 죄 사함을 받고, 하나님의 자녀가 됩니다. 주님이 나를 아십니다. 나를 사랑하시고, 사용해 주십니다. 더 나아가 '미래에 대한 소망'을 주십니다. 내가 오늘 세상을 떠난다 해도 주님 앞에 갈 것입니다. 내가 행한 일에 대하여 갚아 주실 것입니다. 이것은 절대적이고 신령한 기쁨입니다. 그러므로 기쁨의 이유, 방향, 근거를 예수님께 두어야 합니다. 그럴 때 기뻐할 수 있습니다. 왜냐하면 주님이 기쁨의 근원이기 때문입니다.

"너희 관용을 모든 사람에게 알게 하라 주께서 가까우시니라"(5절)

둘째, 이웃과의 관계에서 "관용"을 베풀어야 합니다. 관용이란 '옳은 것보다 더 옳은 것'을 말합니다. 잘못한 사람에게 화를 낼 수 있습니다. 이것도 옳습니다. 그러나 그것이 다는 아닙니다. 한 번 더 참아 줄 수도 있습니다. 이것이 관용입니다. 그렇다면 왜 관용해야 합니까? 주님 오실 날이 가깝기 때문입니다. 우리 식으로 말하면 "얼마나 더 살겠다고 아옹다옹하느냐? 하나님 앞에 가야 하는데!"라는 것입니다. 이런 마음을 가질 때 관용할 수 있습니다. 또 하나는 주님이 이 문제를 해결하실 시간이 가까워졌다는 뜻입니다. 내가 관용하면 손해 볼 것 같지만 주님이 해결해 주시고, 갚아 주실 것이기 때문에 주님께 맡기고 관용할 수 있다는 것입니다.

깨어 기도할 수 없겠느냐

관용의 문제에서 중요한 것은 '누가 먼저인가?' 하는 것입니다. 우리는 보통 "네가 나한테 잘해, 그러면 나도 당신에게 잘할 수 있어, 그런데 내가 먼저 하기는 싫어"라고 말합니다. 그러나 우리는 십자가의 사랑을 먼저 받은 사람입니다. 하나님이 먼저 우리를 사랑하셨습니다(요일 4:10-11). 따라서 예수님을 믿는 사람은 먼저 누군가를 사랑할 수 있습니다. 이미 내가 하나님께로부터 사랑을 받았기 때문입니다. 우리는 일만 달란트 빚진 자입니다. 갚을 수 없는 사랑을 받았습니다. 그러므로 관용해야 합니다. 그때, 하나님의 은혜가 이 세상 속으로 흘러들어갈 수 있습니다.

"아무 것도 염려하지 말고 다만 모든 일에 기도와 간구로, 너희 구할 것을 감사함으로 하나님께 아뢰라"(6절)

셋째, 염려하지 말고 기도해야 합니다. 염려하지 않는 방법은 기도하는 것입니다. 기도하지 않으면 생각이 많아지고 염려가 많아집니다. 그러나 기도하면 염려를 이깁니다. 찬양 중에 "기도할 수 있는데 왜 걱정하십니까"하는 가사가 있습니다. 앞이 캄캄할 때 기도를 잊지 마시기 바랍니다.

염려 대신 기도를

내 마음에 기쁨이 없고, 이웃과의 관계는 망가지고, 염려가 내게 가득할 때 나는 무엇을 해야 할까요? 염려 대신 기도해야 합니다. 염려의 반대말이 기도입니다. 기도를 하되 감사함으로 해야 합니다. "내 삶은 문제투성이인데, 무슨 수로 감사합니까?" 할 수 있습니다. 그러나 잘 생각해 보면 감사할 것이 많습니다. 하나님이 계시고, 나를 자녀 삼아 주시고, 기도할 때 들어 주마 약속하셨습니다. 그래서 저는 기도할 때마다 감사합니다. 내가 뭔데 나에게 이런 특권을 주시는가 생각합니다. 사람들에게 내 어려움을 얘기하면 부담스러워할 텐데, 전능하신 하나님은 내가 아무리 자주 와도 싫다 하지 않으시고, 듣고 응답해 주시니 감사할 뿐입니다. 기도할 수 있다는 것 자체가 감사한 것입니다.

감사하며 기도하면 어떤 결과가 있는지 봅시다.

"그리하면 모든 지각에 뛰어난 하나님의 평강이 그리스도 예수 안에서 너희 마음과 생각을 지키시리라"(7절)

먼저는 평강을 주십니다. 이것이 기도의 응답입니다. 아직 문제는 해결되지 않았습니다. 상황은 그대로입니다. 그런데 마음은 평안합니다. 내 상식으로는 이해가 되지 않습니다. 그래서 "모든 지각에 뛰어난 하나님의 평강"이라고 표현하는 것입니다. 평강이 먼저입니다. 그다음이 문제 해결입니다. 이미 기도를 통하여 하나님께 그 문제를 올려 드렸습니다. 서류를 접수하면 일단 안심할 수 있죠. 그래서 우리 마음에 평강이 오는 것입니다. 그다음에 그 사건이 외적으로 해결됩니다.

또한 생각을 지켜 주십니다. 생각의 방향이 어느 쪽으로 가는가가 무

깨어 기도할 수 없겠느냐

척 중요합니다. 생각이 잘못되면 막을 길이 없습니다. 어떤 면에서는 문제 자체보다도 그 문제에 대한 내 생각의 방향이 더 중요합니다. 그러나 하나님 앞에 아뢸 때, 하나님이 내 생각을 지켜 주십니다. 같은 사건도 올바르게 생각하면 복, 잘못 생각하면 저주가 됩니다. 복과 저주, 다 생각에서 옵니다. 생각 때문에 행복해지고, 생각 때문에 불행해집니다. 바르게 생각할 수 있도록, 믿음으로 생각할 수 있도록, 지혜롭게 생각할 수 있도록 도와주시는 것은 엄청난 복입니다.

하나님이 아주 싫어하시는 것이 있습니다. 염려하는 것입니다. 염려하지 말라는 말은 주님이 우리 인생을 돌보신다는 약속이며, 우리에게 필요한 것을 공급하실 계획이 있다는 말입니다. 자녀가 학교에서 어려움을 당하고 있는데 그 어려움을 부모에게 말하지 않고 혼자 고민한다면, 그래서 죽고 싶다고 한다면 걱정도 되지만 한편으로 자녀에게 묻고 싶을 것입니다.

"나는 너에게 어떤 존재냐? 네가 힘든 것을 말할 대상도 안 된다는 말이냐?"

염려를 하나님께 말하지 않는다면 우리는 하나님을 불신하는 것입니다.

제가 수서교회에서 처음 목회를 시작했을 때, 불면증으로 정말 고생했습니다. 그해 연말에 이런 일기를 썼습니다.

"신학교 때 배운 것 다 사용해서 더 이상 써먹을 것이 없다. 한 번의 설교도 더 할 수 없다. 심방이 괴롭다. 가기 싫어서가 아니라 마음이 너무 아프다. 상담을 해도 괴롭기는 마찬가지다. 성도들이 말했던 슬픈 상황이 밤에 꿈으로 나타나니 어떻게 할까? 주님, 저 힘들어 못 하겠습니다. 다른 사람의 짐을 제가 어떻게 감당할 수 있습니까?"

그때 주님이 주신 말씀이 있습니다.

"내가 언제 너에게 그 짐을 지라고 했느냐? 나에게 맡겨라."

저는 여전히 답답해 여쭈었습니다.

"어떻게 맡깁니까? 그 방법이 무엇입니까?"

그리고 그날 상담한 이야기, 하루종일 들었던 성도들의 힘든 이야기, 들었던 비밀들을 기도로 올려 드렸습니다. 그러고 마지막으로 덧붙였습니다.

"이제는 하나님이 책임져 주세요."

그랬더니 부담이 사라졌습니다. 여전히 문제는 많았지만 제게 짐이 되지 않았습니다. 평강을 주신 것입니다. 그래서 편하게 잠을 자기 시작했습니다.

더 나아가서 하나님은 제 생각을 지켜 주셨습니다. 어떻게 해야 하는지, 무슨 말을 해야 할지 가르쳐 주셨습니다. 그래서 감사함으로 아뢰는 것이 얼마나 대단한 것인지 경험했습니다. 그때 알았습니다.

'나는 통로일 뿐이다. 나는 심부름꾼이다.'

그 후로는 심방도 상담도 걱정하지 않습니다. 성도가 어떤 내용을 가지고 올지 어떻게 압니까? 다만 하나님이 할 말을 주겠다고 하셨으니까 주시겠지 하고 믿고 갑니다.

이렇게 말할지 모릅니다.

"저는 기도합니다. 그런데 염려는 없어지지 않던데요. 왜 기도해도

깨어 기도할 수 없겠느냐

염려가 사라지지 않지요?"

오직 모든 일에 기도와 간구로 주님께 매달립니까? 주님이 원하는 만큼 충분히 기도하고 있나요? '기도해야 하는데' 하면서 걱정만 하고 있지는 않습니까? 기도는 하지만 '아니면 말고!' 하는 자세로 대충 기도하는 것은 아닙니까? 우리에게 정말 필요한 태도는 '주님 아니면 나는 못 합니다. 이대로 가면 저는 죽습니다!' 이런 간절한 기도입니다.

하나님은 어떤 사람을 만나 주실까요? 절박한 사람, 하나님을 향해 몸부림치는 사람을 반드시 만나 주십니다. 기도 외에는 다른 대안이 없다고 생각해야 합니다. 적당히 기도하면 염려는 그냥 있고, 기도해야지 하는 부담까지 생깁니다. 그러나 전적으로 온 마음으로 매달리면 응답받습니다. 하나님께 전적으로 매달리면 반드시 응답해 주십니다. 그때 염려가 사라집니다. 그러므로 염려가 사라지지 않았다면 완전한 기도가 아닙니다.

본문에는 염려, 기도, 간구, 감사라는 단어가 나옵니다. 기도의 첫 단계는 염려를 기도로 바꾸는 것입니다. "하나님, 이런 문제가 있습니다. 어떻게 합니까? 도와 주세요!" 하는 것입니다. 염려에 묶이지 말고 기도로 바꿔야 합니다. 그런데 기도를 계속하다 보면 돌파가 이루어집니다. 그래서 기도가 간구로 변합니다. 그 간구를 지속하다 보면 감사가 나옵니다. 상황은 변한 것이 없어요. 그러나 그 상황을 믿음의 눈으로, 하나님의 눈으로 보게 됩니다. 시각이 바뀌는 것입니다. "이것을 통하여 선을 이루실 줄 믿습니다" 하는 고백이 나오기도 하고, 때로는 "내가 인도한다" 하시는 하나님의 음성이 들리기도 합니다. 염려가 기도로, 기도가 간구로, 간구가 감사로 변하는 것입니다. 마지막으로는 하나님의 평강이 들어옵니다. 상황을 초월한 하나님의 평강이 임합니다. 그래서 마음과 생각을 지켜 줍니다. 그럴 때 염려는 사라집니다.

선교학자 패트릭 존스톤(Patrick Johnstone)은 "우리가 일하면 그걸로 끝이지만, 기도하면 하나님이 일하신다"고 말했습니다. 염려만 하지 말고 그 염려거리를 하나님께 기도로 올려 드리세요. 하나님께 맡기세요. 그러면 하나님이 일하십니다.

제 아들이 언젠가 제게 물었습니다.

"아빠가 목회하시면서 갖게 된 신조가 있다면 무엇입니까?"

"여러 가지가 있지."

"그중에 하나만 말씀해 주세요."

"염려 대신 기도한다."

염려는 우리를 죽입니다. 그러나 기도는 우리를 살립니다. 염려는 우리를 시들게 합니다. 그러나 기도는 우리를 소생시킵니다. 말세로 갈수록 사람들은 더욱 염려와 두려움의 노예가 될 것입니다. 그러나 주님은 "염려대신 기도하라"고 말씀하십니다. 기도하면 기뻐할 수 있고, 관용할 수 있고, 염려하지 않고, 하나님이 주시는 평강을 누릴 수 있다고 약속하십니다.

깨어 기도할 수 없겠느냐

기도 ————————————

하나님 아버지.

염려 대신 기도하는 사람이 되게 하소서. 우리의 염려가 기도가 되고, 간구가 감사가 되게 하소서. 상황을 초월하여 역사하시는 하나님을 경험하게 하소서. 그래서 주님이 주시는 평강을 누리게 하소서. 아멘.

† 두려움과 근심이 우리 삶에 주는 영향은 어떤 것들이 있나요?

_____

_____

_____

† 인간에게 필요한 행복의 비결 세 가지는 무엇인가요?

_____

_____

_____

† 염려 대신 기도할 때, 우리에게 일어나는 결과는 무엇인가요? 염려
되는 상황에서 기도했을 때 특별히 경험한 것이 있다면 나눠 봅시다.

_____

_____

_____

17

의인의 간구

✦

야고보서 5:16-18

¹⁶ 그러므로 너희 죄를 서로 고백하며 병이 낫기를 위하여 서로 기도하라 의인의 간구
는 역사하는 힘이 큼이니라

¹⁷ 엘리야는 우리와 성정이 같은 사람이로되 그가 비가 오지 않기를 간절히 기도한즉
삼 년 육 개월 동안 땅에 비가 오지 아니하고

¹⁸ 다시 기도하니 하늘이 비를 주고 땅이 열매를 맺었느니라

깨어 기도할 수 없겠느냐

야고보서를 쓴 야고보는 예수님의 동생으로, 기도를 많이 했다고 알려져 있습니다. 그래서 별명이 '낙타 무릎'입니다. 사막의 낙타는 모래바람을 뚫고 걷기 위해 눈썹이 길고, 물이 없는 환경에서 살아남기 위해 수분을 생산하는, 지방질이 가득한 혹이 등에 있습니다. 또한 무릎에 두꺼운 굳은살이 박혀 있습니다. 사막에 모래폭풍이 불어올 때 낙타는 서 있거나 눕지 않고 조용히 무릎을 꿇고 폭풍이 지나가기를 기다리기 때문입니다. 무릎을 꿇었다 폈다 반복하다 보니 무릎이 튀어나와 있습니다. '무릎을 꿇고 앉아 있는 낙타'는 경건하게 기도하는 사람의 모습과 비슷합니다. 야고보도 기도하기 위해 무릎을 많이 꿇다 보니 무릎이 튀어나와 있었다고 합니다.

옛날에는 그래서 기도하는 사람을 '낙타무릎'이라고 불렀고, 다른 말로는 '무릎으로 사는 인생'이라고도 했습니다. CCM 중에 "낙타무릎"이라는 노래도 있는데, 거기 보면 이런 가사가 나옵니다.

이제 나 기도할게요
내 무릎이 다 닳도록
아버지 그 이름 부를게요
하늘 문을 여셔서 응답하소서

사실 야고보는 예수님의 동생이었지만 처음에는 예수님을 믿지 않았습니다. 요한복음 7장 5절은 "이는 그 형제들까지도 예수를 믿지 아니함이러라"라고 했습니다. 예수님은 알려진 동생만 여섯 명인데, 바로 밑의 동생이 야고보입니다. 야고보는 예수님의 능력은 인정했지만 그분이 그리스도라는 것은 돌아가실 때까지도 몰랐습니다. 그런데 예수님이 부활하셔서 야고보를 찾아오십니다. 부활하신 예수님은 제자들과 여러 사람을 만나셨지만 집단적으로만 만났지, 개인적으로 나타나신 것은 야고보가 유일합니다(고전 15:7).

야고보에 관한 기록을 보면 이런 이야기가 있습니다. 예수님이 야고보에게 이렇게 말씀하셨습니다.

"야고보야, 너는 나를 한평생 따라다녔지만 내가 구세주라는 것을 인정하지 않았다."

그러고 나서 부활하신 주님이 떡과 포도주를 주시면서 "이제는 받아먹으라" 하셨습니다. 그때에 야고보가 눈물을 흘리며 이렇게 말했답니다.

"주님이 어찌하여 저를 이다지도 사랑하십니까?"

야고보는 그렇게 회개한 다음 진정한 제자가 되었습니다. 그리고 초대교회의 중심인물이 되었습니다. 열두 사도는 아니지만 모든 제자의 우두머리가 됩니다. 사도행전을 보면 예루살렘 공의회 의장이 야고보라는 것을 알 수 있습니다.

외모도 예수님을 많이 닮아서 그를 볼 때마다 예수님을 보는 것 같았다고 합니다. 예수님과 한 집에서 거의 30년을 같이 살았고, 3년을 예수님과 함께 다녔던 야고보. 그는 숱한 시간이 지나서야 완전히 거듭나서 예수가 그리스도라고 확실하게 고백하고, 예수님에 대해서 가장 잘 아는 사람이 됩니다. 예수님에 대해서 야고보보다 더 잘 아는 사람이 있었을까요? 그래서인지 기독교 대적자들이 가장 미워한 사람이 야고보였다고 합니다. 왜냐하면 육신의 동생이니 예수님의 인간성에 대한 증거를 가장 잘 댈 수 있었기 때문입니다. 유세비우스의 《교회사》를 보면 야고보에 대해 이렇게 설명합니다.

"그는 홀로 성전에 들어가 무릎을 꿇고 모든 인간을 용서해 달라고 하나님께 간절히 기도했다. 그래서 야고보의 무릎은 낙타의 무릎처럼 딱딱해졌다. 그러므로 사람들이 그를 '의인' 또는 '오블리아스'라고 불렀는데, 오블리아스는 인간의 방파제이며 의로움이라는 뜻이다."

경건한 기도의 사람이었던 야고보는 야고보서 5장에서 기도에 대해 말합니다.

"그러므로 너희 죄를 서로 고백하며 병이 낫기를 위하여 서로 기도하라 의인의 간구는 역사하는 힘이 큼이니라"(16절)

성경에서 "의인은 없나니 하나도 없"(롬 3:10)다고 했지요. 그런데 야고보는 왜 "의인의 간구"라고 했을까요? 의인이 하는 기도라는 뜻일까요? "내 기도가 저 사람 기도보다 더 역사하는 힘이 크다, 왜냐하면 내가 더 의인이기 때문이다"라는 말입니까? 아닙니다. 의인은 없어요. 그러나 의로운 기도는 있습니다. 의인의 간구란 의로운 기도라는 뜻입니다. 그렇다면 무엇이 의인의 간구일까요?

서로를 위한 중보기도

의인의 간구 중 첫 번째는 중보기도입니다. "의인의 간구"의 앞 구절을 보면 "서로 기도하라"고 합니다. 다른 사람을 위해 중보기도를 하라는 말입니다. 중보기도가 의인의 기도입니다.

그러면 어떻게 중보기도를 하면 될까요? "죄를 서로 고백하며 병이 낫기를 위하여" 기도하는 것입니다. 예를 들면 이런 식입니다.

"아무개의 질병을 고쳐 주소서. 그에게 죄가 있다면 용서해 주시고, 하나님과 그 사람 사이에 해결해야 할 문제가 있으면 해결해 주소서. 그래서 그의 영과 육이 아울러 치유되길 원합니다."

사실 병이 낫는 것보다 더 중요한 것은 죄 사함을 받는 것입니다. 그러므로 이것을 위해 중보기도를 하라는 말입니다.

성도에게 '병'이란 여러 가지 의미가 있습니다. 병을 통해 많은 것을 배웁니다. 첫째로, 내가 누구인지를 압니다. 건강할 때는 모든 것이 자기 맘대로 되는 것 같습니다. 그러나 병들고 나면 내 연약함을 알고 겸손해집니다. 그리고 지금까지 살아온 것은 내 힘이 아니요 하나님의 기적 속에 있었다는 것을 깨닫게 됩니다. 둘째로, 자기가 누구인지를 알고 겸손해지면 하나님의 음성이 잘 들립니다. 형편이 좋을 때는 안 들리지만, 내가 계획한 일들이 수포로 돌아가거나 병상에 누워 있게 되면 그 음성이 잘 들립니다. 셋째로, 하나님 음성을 듣다 보면 인생에 무엇이 중요하고 중요하지 않은지를 깨닫게 됩니다. 건강할 때와 병들었을 때는 생각이 달라질 수밖에 없지요. 이것이 '가치관의 변화'입니다. 병든 것은 육체지만, 이것을 통해 우리 영혼이 하나님 앞에 바로 서는 기

깨어 기도할 수 없겠느냐

회가 되는 것입니다. 넷째로, 이 모든 과정을 통해 하나님이 정말로 내 삶의 주인이시며, 건강도, 생명도, 죽음도 하나님의 것임을 고백하게 됩니다. 따라서 병들었을 때 "빨리 낫게 해 주세요"라고 기도하는 것도 좋지만, "이 병을 통해 하나님이 하시고자 하는 일이 이루어지길 원합니다" 하고 기도할 필요가 있습니다. 이것이 더 중요합니다.

16절을 다시 봅시다. 병 낫기를 위해 기도하기 전에 "너희 죄를 서로 고백하"라고 합니다. 이 말을 오해하면 안 됩니다. "너희가 병이 들었느냐? 그럼 그 병의 원인이 죄니까, 다른 사람들 앞에서 너의 죄를 공개적으로 고백하라"는 뜻이 아닙니다. 이 구절을 잘못 해석해서 나온 것이 천주교의 고해성사입니다. 그러나 이 말은 당사자들끼리 고백하라는 말입니다. 내 죄를 왜 다른 사람 앞에서 고백해야 합니까? 만약 내 죄를 성직자 앞에서 고백하려거든 성직자도 자신의 죄를 고백해야지요. 내 죄를 많은 사람 앞에서 고백할 이유는 없고, 그래서도 안 됩니다. 내 죄를 사람들 앞에 공개하는 것은 결코 바람직한 일이 아닙니다. 조이 도우슨(Joy Dawson)은 "여호와를 경외함이 없는 죄의 고백은 서로를 미혹할 뿐이다"라고 했습니다.

너무 바빠서 기도도 못 하다가 병이 들어 침상에 누워 있다 보니 기도하게 됩니다. 그런데 기도를 하다 보니 마음 속에 과거 친구에게, 동역자에게, 가족에게 잘못했던 것이 생각납니다. '그때 그러지 말았어야 했는데' 하는 후회의 마음이 생깁니다. 깨달아지는 것도 생깁니다. 그럴 때 "하나님 용서해 주세요" 하고 끝내지 말고, 그 당사자에게 용서를 구하라는 말입니다. "그동안 너무 미안했습니다, 당신의 마음을 너무 상하게 했습니다, 용서하세요" 하고 용서를 구하면 상대방도 "아닙니다, 저도 잘못했습니다" 하게 될 것이고, 이렇게 서로 죄를 고백하는 가운데 환자도 치료되고, 환자 주변 사람들도 치료가 되는 것입니다. 서로 죄를 고하면서 화해가 이루어지는 것, 이것이 야고보가 말한 "죄를 서로 고백하며 병이 낫기를 위하여 서로 기도하"는 것입니다. 이렇게 되면 개인만이 아니라 공동체가 치료됩니다. 그럴 때 하나님이 사죄의 은총과 육체의 질병도 다 치료해 주시겠다는 것입니다.

하나님 영광을 위한 기도

의인의 간구 중 두 번째는 하나님의 영광을 위한 기도입니다.

"엘리야는 우리와 성정이 같은 사람이로되 그가 비가 오지 않기를 간절히 기도한즉 삼 년 육 개월 동안 땅에 비가 오지 아니하고"(17절)

야고보는 의인의 기도를 이야기하면서 엘리야의 기도를 예로 들었습니다. 이스라엘의 죄를 보면서 안타까워하던 엘리야는 비가 오지 않기를 간절히 기도했습니다. 우리가 알다시피 가뭄은 무서운 시간입니다. 1년만 비가 안 와도 경제적 손실을 다 계산할 수 없습니다. 3년만 비가 안 오면 땅이 말라 죽습니다. 완전히 사막이 됩니다. 엘리야는 왜 이런 기도를 했을까요? 이스라엘 백성들이 그만큼 영적으로 중병에 걸렸기 때문입니다. 웬만큼 해서는 돌아오지 못할 것을 알았기 때문입니다.

당시 이스라엘은 우상을 섬겼는데, 바알과 아세라 신입니다. 이것들은 비를 내리는 신이었고, 그래서 풍요의 신이라고 불렀습니다. 그만큼 당시 사람들은 비를 중요하게 생각했습니다. 기후적으로 건조했던 이유도 있었을 것입니다. 그들은 자기들이 배부른 것이 그 우상이 비를 내려 주었기 때문이라고 생각했습니다. 그 우상이 별 것 아니라는 것을 알게 하려면, 그들이 하나님께 돌아오려면, 그들이 영적으로 살아나려면 비를 주시는 분이 하나님이라는 사실을 뼈저리게 느껴야 했습니다. 엘리야는 이 모든 상황을 고려했을 때 백성들이 가뭄으로 고생해 봐야 한다고 생각했습니다. 그들을 꼼짝 못 하게 하려면 이 땅에 몇 년 동안 비가 오지 않아야 한다고 판단했습니다.

"하나님, 비가 와서 풍요해지면 백성은 육신적으로는 배불러도 영적으로는 다 죽습니다. 육신이 아무리 고생해도 영적으로 사는 것이 중요하니 가뭄을 주소서. 우리가 다 죽어도 하나님을 버릴 수는 없습니다. 이제 비가 오지 않아서 다 굶어 죽게 되면 이스라엘 백성이 이렇게 나올 것 아닙니까? '그 놈의 바알신은 뭐고 아세라신은 다 뭐냐? 하나님께로 돌아가자.' 그러니 하나님이 하늘 문을 닫으시고, 비를 그치게 하소서."

엘리야의 이런 마음이 어디서 온 걸까요? 하나님의 영광을 위한 마음이고 영혼에 대한 사랑입니다. 거룩한 분노에 사로잡혀 불같은 마음으로 기도했던 것입니다. 이 기도 속에는 자기도 포함됩니다. 자신도 고생을 각오한 것입니다. 이것이 엘리야의 기도였고, 하나님은 이 기도에 응답하셨습니다.

기도 후에 엘리야는 아합왕을 찾아가서 "내 말이 없으면 이 땅에 비가 내리지 않을 것입니다"라고 선포하고 사라져 버립니다. 비가 오는 것은 하나님께 달려 있는 것이고, 가뭄은 우리 죄 때문이라는 것을 알려 줍니다. 그러자 아합왕은 엘리야 때문에 가뭄이 왔다고 하면서 그를 죽이려고 쫓아다닙니다. 하나님의 영광을 위한 기도, 고난을 각오한 기도, 이것이 의인의 기도입니다.

만약 내가 사업을 하는데 일이 너무 잘돼서 교회에 나가 예배드릴 시간도 없이 바쁘다면 어떻게 기도하겠습니까? "주님, 제가 너무 바빠 예배도 못 드립니다, 돈 버니 자꾸 교만해집니다, 이러면 안 되는 것을 압니다, 제가 바로 살려면 사업이 안되는 것이 좋겠습니다, 사업이 안되게 해 주세요"라고 기도할 사람이 있겠습니까? 아마 대부분 "주님, 제가 예배는 못 나오지만, 그래도 사업 잘되게 해 주세요"라고 기도할 것입니다.

저는 목사로서 그런 성도를 위해 어떻게 기도해야 할까요? 의로운 기도를 하기가 사실은 아주 어려워요. 만약 제가 "주님, 아무개 집사님이 교회 나와 예배 드려야 하니 사업 안되게 해 주세요" 하고 기도하면 가만 있지 않을 것입니다. 그러나 의로운 기도는 우리의 기도가 어느 방향으로 나가야 하는지 가르쳐 줍니다. 우리는 나만 생각하고, 육체만 생각합니다. 그러나 다른 사람의 영혼을 생각해야 합니다. 그것을 위해 기도해야 합니다. "다 굶어 죽어도 좋다, 그러나 하나님만은 똑바로 믿고 살자" 하는 마음으로, 하나님의 영광을 위해 하는 기도를 의인의 기도라고 합니다.

말씀을 붙잡는 기도

의인의 간구 중 세 번째는 말씀을 붙들고 기도하는 것입니다. 그냥 자기의 소원이 아닙니다. 예를 들면 이렇게 기도하는 것입니다.

"하나님의 말씀에 '여호와께서 너희에게 진노하사 하늘을 닫아 비를 내리지 아니하여'(신 11:16-17)라고 하셨으니, 비가 오지 않게 하여 주소서. 말씀으로 그렇게 약속하셨으니, 비가 그치게 하소서."

나중에 엘리야는 바알과 아세라 선지자들 850명과 대결하고 그들을 처형한 후에, 이스라엘 사람들이 하나님을 인정하고 돌아오자 "이제는 비를 막는 요소가 사라졌으니 주여, 비를 내려 주소서" 하고 기도했습니다. 말씀을 붙잡고 머리를 무릎에 박고 일곱 번씩이나 기도했습니다. 그때 큰비가 왔습니다. 그야말로 엘리야는 하늘 문을 열기도 하고 닫기도 하는 기도자였습니다.

어떤 사람은 엘리야를 두고 "대단하다, 나와는 차원이 달라" 이렇게 말합니다. 그런데 그렇지 않습니다. 17절에 "엘리야는 우리와 성정이 같은 사람이로되"라고 했습니다. 이 말은 "엘리야도 우리와 똑같은 사람이다, 그가 나라를 위해 중보기도 하고 하나님의 영광을 위해 고난을 각오하고 말씀을 붙들고 간절히 기도할 때 하나님이 그 기도를 들으셨다, 기도의 응답이란 특별한 사람이 받는 것이 아니다, 모든 성도에게 주신 하나님의 약속이다, 그러므로 너희는 기도의 권세가 있음을 알고 기도하라"는 뜻입니다. 우리 모두 이러한 기도의 용사가 되기를 바랍니다.

하나님 아버지.

의인의 기도를 하게 하소서. 지금까지 나와 육신을 위해서만 기도했으나, 이제는 다른 사람과 영혼을 위한 기도를 하게 하소서. 하나님의 영광을 위해서 말씀을 붙잡고 기도하게 하소서. 아멘.

† 질병을 통해 우리는 무엇을 알게 됩니까?

_____

_____

_____

† 의인의 간구 세 가지는 무엇인가요?

_____

_____

_____

† 말씀을 붙잡고 기도할 때, 하나님은 어떻게 반응하실까요? 말씀을 붙
  잡고 기도했을 때, 하나님이 응답해 주신 경험을 나눠 봅시다.

_____

_____

_____

18

기도의 영광

✦

요한계시록 8:3-5

3 또 다른 천사가 와서 제단 곁에 서서 금 향로를 가지고 많은 향을 받았으니 이는 모든 성도의 기도와 합하여 보좌 앞 금 제단에 드리고자 함이라

4 향연이 성도의 기도와 함께 천사의 손으로부터 하나님 앞으로 올라가는지라

5 천사가 향로를 가지고 제단의 불을 담아다가 땅에 쏟으매 우레와 음성과 번개와 지진이 나더라

깨어 기도할 수 없겠느냐

만약 누군가 종이 한 장과 색연필을 주면서 "기도란 무엇일까요? 당신이 생각하는 기도를 그림으로 그려 보세요" 한다면 어떻게 그리겠습니까? 사람마다 다양한 그림을 그릴 것입니다. 그리고 그 그림을 통해 저마다 생각하는 기도의 개념을 엿볼 수 있을 것입니다.

요한은 어느 날 하나님이 보여 주신 환상을 가지고 요한계시록을 썼습니다. 여기에서 하늘 위 모습과 이 세상을 향한 하나님의 계획을 보여 줍니다. 또 지금 이 땅에서 일어나고 있는 일이 다가 아니라는 것과, 세상이 어떻게 되어도 결국은 하나님의 뜻대로 이루어질 것임을 알려 줌으로써 성도들에게 위로와 소망을 줍니다. 그래서 요한계시록은 문자로 기록되어 있으나 기본적으로는 그림이나 영상이라고 생각할 수 있습니다. 다른 말로 하면 요한계시록은 그림 언어입니다. "백문불여일견"이라는 말이 있듯이 글로 설명하기는 복잡해도 그림으로는 간단합니다.

고요한 시간은 왜 있는가

요한계시록에서는 기도를 어떻게 묘사할까요? 본문은 기도란 무엇이며, 얼마나 영광스러운 것인가를 한 장의 그림으로 보여 주고 있습니다.

"일곱째 인을 떼실 때에 하늘이 반 시간쯤 고요하더니 내가 보매 하나님 앞에
일곱 천사가 서 있어 일곱 나팔을 받았더라"(1-2절)

일곱째 인을 떼면 앞으로 일곱 천사가 일곱 개의 나팔을 차례로 불 것이라고 합니다. 그때마다 세상에는 큰 사건들이 일어날 것입니다. 아직은 천사들이 그 나팔을 불기 위해 대기하고 있습니다.

"일곱 나팔을 가진 일곱 천사가 나팔 불기를 준비하더라"(6절)

그런데 그 일이 일어나기 직전에 어떤 일이 있었는지 봅시다.

"일곱째 인을 떼실 때에 하늘이 반 시간쯤 고요하더니"(1절)

반 시간쯤 하늘이 고요합니다. 고요한 시간이란 커다란 사건이 끝나고 그다음 사건이 시작되기 직전, 그 사이의 시간입니다. 막간이라고도 하지요. 치열한 전투 후 소강상태 같은 것입니다. 이제 곧 더 치열한 전투가 벌어질 것입니다. 그전에 숨을 고르면서 앞으로의 시간을 준비하는 시간입니다. 이것이 고요한 시간입니다. 병이 들면 온몸이 아프지만, 24시간 계속해서 아픈 것은 아닙니다. 어떤 때는 전혀 아픔을 느끼지 못하고, 이상할 만큼 머리가 맑고 고요하고 평안한 시간이 옵니다. 이런 종류의 시간은 반드시 있고, 또한 있어야 합니다. 그래야 살 수 있습니다.

그렇다면 이렇게 고요한 시간은 왜 있는 것일까요? 첫째, 고요한 시간은 기도하는 시간입니다. 상황이 너무 힘들고 어려우면 정신을 차릴 수 없습니다. 너무 아프면 "아이고, 나 죽네!" 하는 소리, 끙끙대는 신음

　　　　　　　　　　　　　　깨어 기도할 수 없겠느냐

소리만 나오지, 기도가 나오지 않습니다. 그러나 어느 순간에는 고통을 느끼지 못하고, 정신이 맑아질 때가 있습니다. 회복이 불가능한 환자에게도 문득 정신이 드는 때가 찾아옵니다. 이럴 때는 조용히 정신을 가다듬고 기도해야 합니다. 기도하면서 자기 생각을 정리해야 합니다. 가능하다면 미워했던 사람들과 화해하고, 정리하지 못했던 것을 정리하고, 유언도 하고, 죽음을 준비하면서 내 영혼이 하나님을 만날 준비를 해야 합니다.

이런 고요한 시간이 얼마나 주어집니까? "반 시간"입니다. 30분을 의미하는 것이 아닙니다. 이것은 '정한 시간의 절반'입니다. 길지는 않지만, 그다음 단계를 준비할 수 있는 꼭 필요한 시간을 의미합니다. 꼭 필요한 만큼 기도할 시간을 준다는 것입니다. 내게 기도할 시간이 많을 것 같지만 아닙니다. 잠시 주어진 기회입니다. 그러므로 환란과 환란 사이에 있는 조용한 시간, 이 기도 시간을 놓쳐서는 안 됩니다. 이렇게 기도하는 시간이 없으면 왜 이런 일이 일어나는지 이유도 알 수도 없고, 앞으로 다가올 고난을 감당할 수도 없습니다. 그러므로 하나님이 고요한 시간을 주실 때 우리는 기도로 다음을 준비해야 합니다.

미래를 위한 최고의 준비는 무엇일까요? 오늘 조용할 때, 기회가 주어졌을 때, 가능한 시간에 기도하는 것입니다. 기도를 쌓아 놓는 것입니다. 그래야 고난을 잘 이기고 승리할 수 있습니다. 그래서 하나님이 어려운 일이 생기기 전에 기도할 수 있는 기회를 주시는 것입니다.

기도란 무엇인가

"또 다른 천사가 와서 제단 곁에 서서 금 향로를 가지고 많은 향을 받았으니 이는 모든 성도의 기도와 합하여 보좌 앞 금 제단에 드리고자 함이라"(3절)

기도란 무엇인가를 보여 주는 말씀이 3절입니다. 또 다른 천사가 금 향로와 많은 향을 받았다고 합니다. 이것으로 분향합니다. 분향이란 향을 피워 올리는 것인데, 살아 있는 사람에게는 올리지 않습니다. 향은 인간의 모든 마음과 정성과 소원을 담아 신에게 올리는 것입니다. 이스라엘의 관습에 의하면 분향은 첫 제사를 올리기 전과 마지막 제사를 드린 후에 행해집니다. 제단에는 언제나 불이 있습니다. 그리고 그 위에 제물이 있습니다. 전체적으로 보면 제물이 향에 둘러싸여 지글지글 탑니다. 이스라엘 사람들은 여기서 나는 연기가 하나님께 상달된다고 생각했습니다. 그런데 사실 하나님께로 올라가는 것은 제물의 연기가 아닙니다. 연기가 올라가 봐야 어디까지 가겠습니까? 중간에 다 사라지고 말지요. 연기는 눈에 보이는 상징이고, 실제로 신에게 올라가는 것은 제물을 드리는 사람의 마음, 다시 말하면 그 사람의 기도입니다.

3절 말씀에 보면 지금 하나님께 아주 귀한 제사를 드리고 있습니다. 그래서 금 향로, 금 제단, 많은 향이 있습니다. 그런데 정말 중요한 것은 눈에 보이는 향로와 향이 아닙니다. 그 속에 담겨야 할 것은 기도입니다. 기도는 하나님께 올려 드리는 향기로운 제사입니다. 기도가 얼마나 중요한지, 천사들의 손에 들려서 하나님 앞에 올라갑니다. 기도란 하나

깨어 기도할 수 없겠느냐

님께로 올라가는 길이며, 이 땅에서 인간이 하나님께 올릴 수 있는 가장 소중한 것입니다.

"천사가 향로를 가지고 제단의 불을 담아다가 땅에 쏟으매 우레와 음성과 번개와 지진이 나더라"(5절)

이렇게 올라간 기도는 어떻게 될까요? 천사가 제단의 불을 땅에 부어 버립니다. 이것이 기도의 응답입니다. 기도는 이 땅에 대한 심판의 근거가 됩니다. 왜 그럴까요? 예를 들면 성도들이 핍박 중에 "하나님, 이 고난 중에서 우리를 구원하소서, 이 땅에 하나님이 살아 계신 것을 보여 주소서, 저 핍박하는 사람들이 하나님을 두려워하기 원합니다"라고 기도했습니다. 이런 기도에 하나님은 어떻게 응답하실까요? 성도의 기도는 그들을 핍박하고, 하나님의 뜻을 거스르는 사람들을 향한 진노로 나타나는 것입니다. 그러므로 기도란 단순한 울부짖음이 아닙니다. 하나님의 역사와 다스림에 영향을 미치는 막강한 것입니다. 하나님의 백성에게는 구원이고, 백성을 괴롭히는 사람에게는 진노의 사건입니다. 하나님은 성도의 기도에 응답하십니다.

"우레와 음성과 번개와 지진"은 하나님의 강한 심판을 의미합니다. 따라서 하나님의 심판은 성도의 기도와 함께 시작합니다. 성도가 세상에 대하여 소망을 가지고 영혼들이 구원받을 수 있도록 간절히 기도드리면, 이 세상은 그만큼 소망이 있는 것입니다. 그럴 때 하나님은 진노의 심판을 억제하고 기다리십니다. 그러나 성도들이 이 세상에서 환란과 핍박을 당하면서 더는 세상에 대하여 소망을 가질 수 없을 때, 그들의 기도는 변합니다. 심판을 요구합니다. 그때 하나님은 세상을 향한 본격적인 심판을 구체화하시는 것입니다. 그러므로 성도들은 하나님의 구원 역사 속에서 방청객이 아닙니다. 엑스트라가 아닙니다. 하나님의 자녀로서 많은 일이 우리를 통하여 일어납니다. 결국 우리는 기도를 통하여 하나님의 통치에 참여할 수 있습니다.

5장에도 비슷한 그림이 나옵니다.

"그 어린 양이 나아와서 보좌에 앉으신 이의 오른손에서 두루마리를 취하시니라 그 두루마리를 취하시매 네 생물과 이십사 장로들이 그 어린 양 앞에 엎드려 각각 거문고와 향이 가득한 금 대접을 가졌으니 이 향은 성도의 기도들이라"(7-8절)

어린 양 예수 그리스도가 하나님께 책을 받습니다. 앞으로 역사가 이렇게 될 것이라는 하나님의 뜻이 기록되어 있는 책입니다. 그러니까 역사는 제멋대로 흘러가는 것도, 위대한 통치자나 또는 아주 이상한 지도자들에 의해 이루어지는 것도 아니고, 하나님의 치밀하신 계획 속에서 운행된다는 것입니다. 그 책을 펴서 하나님의 구원 역사를 완성하실 분이 누구일까요? 어린 양 예수님입니다.

예수님 앞에 네 생물과 24장로가 향이 가득한 금 대접을 바치고 있습니다. 그 향을 올려 드리는 것입니다. 그 향은 성도들의 기도입니다. 우리가 주님께 드리는 기도가 향이 되어 올라갑니다. 그리고 주님은 그것을 아주 기쁘게 받으십니다. 아주 향기로운 냄새를 맡을 때, 어떻게 합니까? 그 좋은 향기에 취하여 눈을 감고 "아, 좋다" 하고 말하지 않습니까? 하나님도 우리의 기도를 아주 좋은 향처럼 받으십니다. "네 기도 소리, 기도하는 마음, 그 믿음이 너무도 향기롭구나!" 하면서 성도들의 기도를 즐거워하신다는 말입니다.

금 대접은 아주 중요한 것을 담는 귀한 그릇입니다. 하나님이 우리의 기도를 아주 소중히 여기신다는 뜻입니다. 그리고 우리의 기도는 하나도 없어지지 않습니다. 하나님이 기도를 소중하게 금 대접에 모으십니다. 언제까지일까요? 기도가 금 대접에 가득 찰 때까지입니다! 그때가 되면 역사가 일어납니다. 이 기도의 대접을 쏟을 때, 세상에는 역사가 일어납니다.

우리는 기도하면서 낙심할 때가 많습니다. 기도 응답이 빨리 이루어지지 않기 때문입니다. 그러나 오늘 성경을 보면서 이런 생각을 다 내려놓기를 바랍니다. 하나님은 우리의 기도를 무시하지 않으십니다. 어느 한쪽에 처박아 두지도 않으십니다. 가장 귀한 금 대접에 담아 보관하십니다. 기도를 채우십니다. 그다음에 이 세상에 부어 버립니다.

그렇다면 아직 불의 역사가 잘 나타나지 않는 이유는 무엇일까요? 우리가 기도하지 않기 때문이고, 아직 기도가 부족하기 때문입니다. 기도가 차면, 기도의 그릇이 차면 불이 떨어집니다. 우리 인생에, 교회에, 사업장에 불이 떨어져야 할 줄로 믿습니다. 불을 내려 달라고 기대하고, 기도하십시오.

아주 간단하지요? 그러나 대단한 그림입니다. 우리의 기도가 담긴

금 향로를 천사가 아주 소중하게 가지고 가서 하나님께 올려 드립니다. 이것은 성도들의 기도가 소중하고, 존귀하며, 절대로 없어지거나 사라지지 않으며, 하나님께 올려져서 하나님의 통치에 참여하고, 하나님은 그것을 통해 세상을 심판하고, 성도를 구원하며, 역사를 다스린다는 것입니다. 이것이 기도의 본질이며, 기도의 결과이고 기도의 영광입니다.

내 기도가 금 향로에 담겨서 천사의 손에 들려 하나님께로 올라갑니다. 하나님은 내 기도에 하나님의 뜻을 더해서 아주 세게 불을 내려 주십니다. 향은 작고 약하지만, 불은 크고 뜨겁습니다. 내 기도는 작고 약하지만 하나님의 응답은 크고 놀랍습니다.

이 세상은 기도를 무시합니다. 성도의 기도를 우습게 알고, 교회에 나와서 눈물을 흘리며 기도하는 것을 초라하게 생각하고 비웃을 수도 있습니다. "궁상맞게 왜 그렇게 징징 울어? 촌스럽게!" 하고 평가할지도 모릅니다. 그러나 기도는 그런 것이 아닙니다. 하나님은 우리의 기도를 너무나 소중하게 생각하십니다. 소중한 금 향로에 담겨 하나님께 올려 드리는 분향이라는 것, 그 결과는 이 세상에 무섭게 나타난다는 것, 아주 강력하다는 것을 믿기 바랍니다.

성경학자인 토런스(T. F. Torrance)는 이렇게 말했습니다.

"무엇이 세계를 움직이는 진정한 힘이며, 무엇이 우리의 운명을 다스리는 열쇠를 쥐고 있는가? 여기에 놀라운 답변이 있다. 바로 성도의 기도와 하나님의 불이다. 성도들의 기도는 이 세상 어떤 세력보다 강하며, 이것이 하나님의 불에 의해 타올라서 땅에 쏟아 부어지는 것이다."

'기도란 무엇인가?'라는 질문에 대한 그림이 완성되었습니까? 요한

계시록에 나온 대로 그렸다면 100점입니다. 잊지 말고 언제나 기도의 사람으로 살아가길 바랍니다.

기도

하나님 아버지,

기도가 얼마나 영광스러운 것인지, 그리고 얼마나 강력한 것인지 알게 하소서. 우리의 기도가 하나님께 올려져서 하나님의 통치에 참여하게 하시고, 하나님이 그 기도를 통해 세상을 다스리심을 알게 하소서. 우리의 기도는 작고 약하지만, 하나님의 응답은 크고 놀라운 것임을 경험하게 하소서. 아멘.

† 환란 중에 우리에게 고요한 시간이 주어지는 이유는 무엇인가요?

_____

_____

† 하나님이 받으시는 향기로운 제사를 드리기 위해 반드시 있어야 하
   는 요소는 무엇인가요?

_____

_____

† 하나님은 성도의 기도를 어떻게 여기실까요? 그리고 그 기도를 어
   떻게 사용하실까요?

_____

_____

깨어 기도할 수 없겠느냐

Part 4

예수님은
이렇게 기도하셨습니다

19

잘못된 기도

✦

마태복음 6:5-8

⁵ 또 너희는 기도할 때에 외식하는 자와 같이 하지 말라 그들은 사람에게 보이려고 회
당과 큰 거리 어귀에 서서 기도하기를 좋아하느니라 내가 진실로 너희에게 이르노
니 그들은 자기 상을 이미 받았느니라

⁶ 너는 기도할 때에 네 골방에 들어가 문을 닫고 은밀한 중에 계신 네 아버지께 기도하
라 은밀한 중에 보시는 네 아버지께서 갚으시리라

⁷ 또 기도할 때에 이방인과 같이 중언부언하지 말라 그들은 말을 많이 하여야 들으실
줄 생각하느니라

⁸ 그러므로 그들을 본받지 말라 구하기 전에 너희에게 있어야 할 것을 하나님 너희 아
버지께서 아시느니라

깨어 기도할 수 없겠느냐

우리가 오해하는 것 중에 하나는 기독교인들만 기도한다고 생각하는 것입니다. 그러나 아닙니다. 다른 종교에도 기도는 있고, 더 나아가서 종교가 없는 사람들도 기도합니다. 신앙이 없는 사람이 "나 요즘 기도해" 이렇게 말하면 "뭐라고? 말도 안 돼!"라고 하지 마세요. 실례입니다. 왜냐하면 사람들은 자기 나름대로 기도하기 때문입니다. 그러니까 기도는 모든 사람이 다 하는 것이라고 생각해야 합니다.

다섯 가지 기도의 종류

사람은 왜 기도합니까? 하나님의 형상으로 창조되었기 때문입니다. 이 말은 하나님과 교통하려는 마음과 능력이 있다는 의미입니다. 즉 사람은 절대자 하나님을 향해 소원을 빌고자 하는 본능이 있습니다. 그런데 사람들의 상태가 다르기 때문에 기도의 종류가 많습니다. 학문적으로는 기도의 종류를 다섯 가지로 구분합니다.

첫째, 본능적 기도입니다. 다른 말로는 '원시적 기도'입니다. 옛날 사람들이 하던 기도입니다. 어려운 일이 있을 때 거기서 벗어나기 위해서, 또한 두려울 때 자기가 원하는 신에게 비는 것을 말합니다. 본능적 기도의 특징은 철저히 자기중심적이며 죄에 대한 개념은 없고, 여기서 신은 전능하지 않습니다.

본능적인 기도를 할 때 사람은 높이 솟은 무엇인가를 이용합니다. 기도가 신에게 올라가야 한다고 생각하기 때문에 하늘과 통하는 무언가를 이용하는 것입니다. 그래서 높은 산에 가서 기도하거나, 큰 나무 밑에서 기도합니다. 높은 곳이 없을 때는 정안수를 떠 놓고 기도합니다. 정안수란 새벽에 길은 맑고 깨끗한 우물물을 말합니다. 왜 하필 정안수를 떠 놓고 기도했을까요? 깊은 밤, 그 물에 북두칠성이 비치도록 한 것입니다. 그러니까 하늘에 있는 높은 별, 별 중에서도 중심이 되는 북두칠성에게 빈 것입니다. 이렇게 하늘을 향해 자기의 소원을 비는 기도가 원시적 기도입니다.

둘째, 마술적 기도입니다. 주문을 외면서 하는 기도를 말합니다. 특별한 단어들로 만들어진 기도문을 웁니다. 틀리면 효력이 없습니다. 《아라비안나이트》에 보면 사람들이 큰 바위로 가로막힌 동굴 앞에서 "열려라, 참깨!" 하고 주문을 외지요. 그런데 '참깨'가 생각이 안 나서 "열려라, 콩! 열려라, 감자!" 해 봐야 안 열립니다. 정확하게 '참깨'라고 해야 합니다. 이렇게 기도하는 사람들은 어떤 단어나 특수한 용어 자체에 효력이 있다고 생각하고, 리듬이나 템포도 영향을 미친다고 여깁니다. 신이 특정한 공식대로 움직인다고 믿는 것입니다. 이것이 흔히 말하는 마법입니다. 신을 통제하는 법, 신비한 세계를 조종하는 법을 알아서 그것을 주문처럼 외우면 된다고 믿는 것, 이것이 마술적 기도입니다.

셋째, 철학적 기도입니다. 선을 묵상하고, 도덕적인 것을 생각하고, 그 실현을 위해 자기를 수양하는 방법으로서의 기도를 말합니다. 더 나은 삶, 더 건강하고 덕 있는 생활을 위한 노력과 처신이 기도라는 것입니다. 미국의 사상자이자 시인인 에머슨(Ralph Waldo Emerson)은 "기도란 자신의 내적 실존에 대한 묵상이며… 자연에 대한 경외이다"라고 말했습니다. 이렇게 기도하는 사람들은 응답이 외부로부터 오는 것이 아니

깨어 기도할 수 없겠느냐

고, 자기 속에서 깨달음이나 결단을 통해 나오는 것이라 생각합니다. 다시 말하면 더 높은 자기를 만나는 새로운 방법으로 기도하는 것입니다. 이들은 신과의 교제가 없고, 자기를 극대화해서 자기의 최선에 도달하는 것을 기도라고 생각합니다.

넷째, 신비적 기도입니다. 무한한 존재인 신과의 합일을 추구하는 기도입니다. '황홀한 연합'이라고도 하는데, 자기가 신격화되어 영원한 존재와 하나가 되는 것입니다. 이렇게 기도하는 사람들은 세상에서 필요한 물질이나 건강 같은 것은 구하지 않습니다. 세속적인 것으로 생각하기 때문입니다.

다섯째, 성경적 기도입니다. 내가 아닌 절대자 하나님과의 교제를 추구하는 기도입니다. 이렇게 하는 기도는 하나님의 약속을 믿으며, 그 앞에서 전 인격을 다 쏟아 놓습니다. '원시적 기도'는 두려움과 궁핍에서 시작합니다. '마술적 기도'는 우주의 힘을 내가 조종하려고 합니다. '철학적 기도'와 '신비적 기도'는 인격적인 신이 없다는 전제가 있습니다. 그러나 '성경적 기도'는 사랑과 믿음에서 시작합니다. 하나님의 사랑을 믿고 구하되 하나님의 뜻을 묻고, 그 뜻에 따라 나와 세상을 변화시키려는 것이 목적입니다.

하나님이 응답하시지 않는 기도

요즘 다양한 기도가 소개되고 있습니다. 그러다 보니 기독교 신앙이 있는 사람들조차 지금까지 자기가 했던 기도와는 다른 다양한 기도를 시도하려는 움직임이 있습니다. 그러나 이런 움직임은 절대로 경계해야 합니다. 하나님을 모르는 사람들은 다른 기도를 추구할 수 있습니다. 그러나 기독교 입장에서 보면 잘못된 기도입니다. 그리스도인들은 이런 것에 빠지면 안 됩니다. 우리는 성경적 기도, 하나님께 드리는 기도를 해야 합니다.

문제는 성경적인 기도, 하나님께 드리는 기도인데도 잘못된 기도가 있다는 것입니다. 마태복음 6장에서 예수님은 잘못된 기도의 예를 두 가지로 말씀하셨습니다.

첫째는 외식하는 기도입니다.

"또 너희는 기도할 때에 외식하는 자와 같이 하지 말라 그들은 사람에게 보이려고 회당과 큰 거리 어귀에 서서 기도하기를 좋아하느니라 내가 진실로 너희에게 이르노니 그들은 자기 상을 이미 받았느니라"(5절)

외식이란 가면이란 뜻입니다. 옛날에 배우들은 가면을 쓰고 연기를 했습니다. 그러니까 실제 얼굴과 무대에서 보여 주는 얼굴은 다른 것입니다. 기도는 누구에게 하는 것입니까? 하나님께 하는 것입니다. 그러면 내 마음이 누구에게 가 있어야 할까요? 기도의 대상인 하나님께 가 있어야 합니다. 이것이 정상입니다. 그런데 외식하는 기도는 그 마음이 사람에게 가 있습니다. 입으로는 하나님을 부르는데, 마음은 사람에게 가 있는 것입니다. 입과 마음이 서로 다른 것입니다. 그들의 관심은 하나님이 아니라 사람입니다. 하늘에 관심이 없고 땅에만 관심이 있습니다. 하나님의 이름을 팔아서 자기의 영광을 취하려고 합니다. "와, 저 사람 기도 많이 하는 분이다, 거룩한 분이다, 대단한 분이다" 이런 칭찬을 받고 싶은 것입니다.

외식하는 자들의 관심은 사람이기 때문에 그들이 기도하기 좋아하는 장소가 있습니다. 사람이 많이 모이는 곳입니다. 그래서 "회당과 큰 거리 어귀"에 서서 기도합니다. 당시 이스라엘에는 정해진 기도 시간이 있었습니다. 대개 9시, 12시, 3시 등입니다. 그 외에도 개인적으로 기도 시간을 정하기도 합니다. 기도 시간을 정하는 것은 좋습니다. 그래야 기도를 빠트리지 않고 할 수 있으니까요. 그런데 외출했다가 기도 시간이 되면 어떻게 했을까요? 빨리 집으로 돌아가면 좋겠지만, 그럴 수 없으면 내가 있는 그 자리에서 기도했습니다. 그곳이 사람 많은 길이어도 상관 없습니다. 팔레스타인 지방에는 먼지가 많습니다. 언제나 어디서나 기도할 수 있도록 만든 물건이 바로 카펫입니다. 시간이 되면 자기가 있는 그 자리에서 카펫을 쫙 깔고 기도했습니다. 여기까지도 좋습니다.

문제는 일부러 친구와의 약속을 기도 시간 임박하게 잡는 것입니다. 기도 시간이 1시인데, 약속을 12시 50분에 잡습니다. 10분 안에 일을 다 볼 수 없다는 것을 자기도 압니다. 친구와 만나서 이야기를 나누다가 "아이고, 이거 어떡하나? 나 잠깐 기도를 좀 해야겠네" 이렇게 말합니다. 중앙청 앞에서 만나서 그 사람 많은 곳에서 기도합니다. 더 많은 사람에게 내 기도하는 모습을 보이려고 일부러 그렇게 합니다. 이것이 외식입니다.

외식하는 기도는 기도의 대상이 하나님이 아니라 사람입니다. 기도의 동기가 사람들의 칭찬, 자기 명예욕을 충족시키는 것이니까요. 이런 기도에 대해 주님은 "그들은 자기 상을 이미 받았느니라"라고 하셨습니다. 경제 용어로 '지불 완료', 영어로 'account paid'입니다. 주님이 '위 금액을 정히 영수함' 하고 써 주십니다. 계산이 끝났다는 말입니다. 하나님이 더 이상 들어줄 이유가 없는 것입니다. 그들의 목적은 사람들의 칭찬이었고, 그 칭찬을 이미 받았잖아요. 그러니 하나님이 뭘 더 주실 필요가 있겠습니까?

이런 위선적 기도를 하지 않으려면 어떻게 해야할까요?

"너는 기도할 때에 네 골방에 들어가 문을 닫고 은밀한 중에 계신 네 아버지께 기도하라 은밀한 중에 보시는 네 아버지께서 갚으시리라"(6절)

골방으로 들어가야 합니다. 골방은 모든 것과 분리된 곳입니다. 모든 사람과 사건으로부터 분리되어 홀로 하나님 앞에 가라는 것입니다. 골방에 들어가서 문을 닫고, 하나님께로 마음을 모으라는 것입니다. "하나님 저 왔습니다, 기도를 들어주실 것을 믿고 나왔습니다, 말씀해 주십시오, 듣겠습니다" 하고 하나님께 마음을 쏟아 놓으라는 것입니다. 그럴 때 하나님은 우리 기도를 들어주십니다.

둘째는 중언부언하는 기도입니다.

"또 기도할 때에 이방인과 같이 중언부언하지 말라 그들은 말을 많이 하여야 들으실 줄 생각하느니라"(7절)

깨어 기도할 수 없겠느냐

대개 이방인들이 중언부언하는 기도를 한다고 생각하지만, 하나님을 믿는 사람들도 얼마든지 중언부언하는 기도를 할 수 있습니다. 문자적으로는 의미 없이 반복하는 기도를 말합니다. 의미가 없다는 말은 내가 볼 때 의미가 없는 것이 아닙니다. 내가 볼 때는 아주 분명하고 절박하고 간절한 기도일 수 있습니다. 하나님이 보시기에 무의미하다는 것입니다. 의미가 있다면 반복이 나쁜 것은 아닙니다. 사도 바울도 같은 기도를 세 번이나 했습니다. 예수님도 겟세마네 동산에서 같은 내용으로 여러 번 기도하셨습니다. 간절한 마음으로 기도한다면 반복해도 좋습니다.

중언부언하는 기도란 정확하게 말하면 주문을 외듯이 하는 기도입니다. 기도 응답이 하나님의 은총에 달려 있다고 생각하지 않고 기도의 길이나, 크기, 용어, 속도, 자세, 기도문 등에 있다고 생각하는 것입니다. 다시 말하면 기도 자체에 능력이 있다고 보는 것입니다. 하나님의 뜻에는 관심이 없고, 오직 내가 원하는 것만 받아 내면 된다고 생각합니다. 그래서 어떻게 해서든지 하나님을 조종하려고 애씁니다. 그러니까 하나님의 은혜를 신뢰하는 것이 아니라 '내가 어떻게 하나님을 다룰 수 있는가' '어떻게 하나님을 조종할 수 있는가' 하는 기술에 관심을 둡니다. 나를 향한 하나님의 뜻, 계획에는 전혀 관심이 없고, 어떻게 해서든지 내가 원하는 결과를 얻어 내는 것이 목적입니다. 이런 기도는 할 말이 많습니다. 왜냐하면 신이 내 사정을 모른다고 생각하니까요. 빨리 많이 알려 주어야 판단할 수 있다고 생각합니다. 말을 많이 해야 들으실 줄 생각합니다. 그래서 빠르게, 쉴 새 없이 말합니다.

중언부언하는 기도를 하지 않으려면 어떻게 해야 할까요?

"그러므로 그들을 본받지 말라 구하기 전에 너희에게 있어야 할 것을 하나님
너희 아버지께서 아시느니라"(8절)

하나님이 우리에게 있어야 할 것을 다 알고 계신다고 합니다. 놀라운 말씀입니다. 아주 잘 그린 명화가 있습니다. 대가가 그린 것이기 때문에 손댈 것이 없어요. 그런데 내 어설픈 실력으로 덧칠하면 어떻게 되겠습니까? 그림을 버립니다. 마찬가지입니다. 하나님은 내 형편, 내 마음을 아십니다. 더 나아가서 나를 향한 계획을 가지고 계십니다. 하나님의 뜻은 완전합니다. 그런데 하나님의 뜻에는 귀를 막고, 오직 내 고집만 부리고 내가 원하는 대로만 하려고 하면 어떻게 되겠습니까? 인생을 망쳐 버릴 수 있습니다. 하나님이 말씀하십니다.

"내가 네 사정을 다 안다. 그리고 너를 향한 뜻을 가지고 있다. 그 뜻이 너를 위해 가장 좋은 것임을 믿어라."

하나님을 가르치려고 하거나 조종하려고 하지 말아야 합니다. 하나님의 뜻이 무엇인지를 물어야 합니다. 그 뜻에 순종해야 합니다. 내가 주인이 된 기도가 아니라 하나님이 주인이신 기도를 해야 합니다.

우리 기도의 대상은 언제나 하나님입니다. 그러니 사람에게 보이기 위해 기도해서는 안 됩니다. 골방으로 들어가, 사람들의 시선을 의식하지 말고, 하나님 앞에 진심을 쏟아야 합니다. 하나님 뜻에 관심을 기울이고, 내가 원하는 것이 아니라 하나님이 원하시는 것을 순종하는 마

깨어 기도할 수 없겠느냐

음으로 받아야 합니다. 그럴 때 은밀히 보시는 하나님이 우리의 기도를 들어주십니다.

하나님은 나보다 나를 더 잘 아시고, 나보다 나를 더 사랑하십니다. 이런 하나님을 모르기 때문에 우리는 중언부언하는 기도를 합니다. 내가 구하기 전에 하나님은 이미 아신다는 것을 믿어야 합니다. 우리의 기도가 잘못된 기도에서 벗어나, 더 깊고 성숙해 지기를 바랍니다.

기도

하나님 아버지.

외식하는 기도, 중언부언하는 기도를 하지 않게 하소서. 골방에 들어가서 하나님 앞에 홀로 서게 하소서. 하나님께만 집중하게 하소서. 하나님을 조종하려고 하지 않게 하소서. 내가 삶의 주인이 되지 않고 하나님을 주인으로 모시는 기도를 하게 하소서. 아멘.

† 다섯 가지 기도의 종류는 무엇인가요? 성경적 기도는 다른 기도들과 어떻게 구별되나요?

_____

_____

_____

† 하나님이 응답하시지 않는 기도에는 어떠한 것들이 있나요?

_____

_____

_____

† 성숙한 기도란 어떤 것일까요?

_____

_____

_____

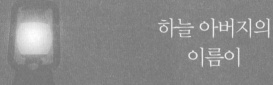

20

하늘 아버지의
이름이

✦

마태복음 6:9

그러므로 너희는 이렇게 기도하라 하늘에 계신 우리 아버지여 이름이 거룩히 여김

을 받으시오며

깨어 기도할 수 없겠느냐

주기도문의 내용을 본격적으로 살펴보겠습니다.

기도는 하나님께 하는 것입니다. 그런데 하나님이 어디 계시나요? 본문 말씀에 "하늘에 계신 우리 아버지여"라고 합니다. 하나님은 어디에나 계시지만 하늘에 계십니다. 그러면 하나님을 만나려면 어떻게 해야 할까요? 하늘로 올라가야 합니다. 이것이 중요한 개념입니다. 여기서 하늘이란 하나님이 계신 위치기도 하지만, 더 중요한 것은 우리 마음의 지향점이 하늘이어야 한다는 의미이기도 합니다. 즉 우리가 하늘로 올라가야 한다는 것입니다. 그런데 우리는 어떤 문제를 두고 기도할 때, 하나님을 내 문제 안으로 끌어내리려고 합니다. 그렇게 하면 안 됩니다. 우리가 그 문제로부터 벗어나서 먼저 하나님께로 올라가야 합니다. 하나님이 내 문제 속으로 개입하시는 것이 아니라 우리가 하늘로 올라가는 것입니다.

문제에서 벗어나기

제가 종종 성도들께 하는 이야기가 있습니다.

"문제 해결 기도를 하지 말고, 문제 탈출 기도를 하세요."

문제에 집중하고 내가 문제 안으로 들어가면 필요 이상으로 그 문제가 엄청나게 커 보입니다. 마치 현미경으로 개미를 들여다보는 것 같습니다. 개미를 현미경으로 들여다보면 얼마나 크게 보이는지 깜짝 놀랄 지경입니다. 그래서 문제에 눌려 버립니다. 제대로 기도할 수가 없습니다. 그리고 우리는 문제 앞에 서면 어떻게든 내가 해결하려고 합니다.

내가 주체가 되어서 이렇게 해야 한다, 저렇게 해야 한다고 결정해 버립니다. 그리고 그 결정대로 하나님께 기도합니다. 내 뜻에 맞춰서 "하나님 이렇게 해 주세요" 하고 요구합니다.

올바른 기도를 드리려면 먼저는 문제로부터 벗어나야 합니다. 땅에 있는 문제에서 벗어나서 하늘로 올라가야 합니다. 그런데 육신을 가진 인간이 어떻게 하늘로 올라갈 수 있을까요? 그 길은 하나밖에 없습니다. 십자가를 통해서 올라가는 것입니다. 이런 의미에서 십자가는 하나의 문입니다.

최근에 제가 새로운 경험을 했습니다. 예배당에서 기도하다가 십자가를 바라보았는데, 십자가가 문으로 보였습니다. 그러면서 '저 안으로 들어가면 전혀 다른 세상이 전개되겠구나, 십자가는 놀라운 문이구나' 하는 사실이 깨달아졌습니다. 어릴 때 동화를 읽어 보면 전혀 다른 세상과 연결해 주는 신비한 문이 나오곤 했습니다. 마치 그런 문이 십자가였던 것입니다. 그 순간 늘 바라보던 십자가였는데 참 새로운 감동이 밀려왔습니다. 똑같이 예수를 믿어도 십자가 밖에 있는 사람과 십자가 안으로 들어간 사람은 서로 다른 세상에서 살 수 있다는 것을 깨달았습니다.

그렇다면 어떻게 십자가 속으로 들어갈 수 있습니까? 방법은 간단합니다. "내가 십자가에 못 박혔습니다, 내가 예수님과 함께 죽었습니다" 하고 고백하는 것입니다. 이렇게 나를 십자가에 못 박고 예수님과 함께 죽으면 예수님이 내 마음을 가지고 부활하셔서 하나님 우편에 나를 두시는 것입니다. 그래서 우리가 신앙생활을 하면서 "나는 십자가에 죽었습니다"라고 고백하는 것이 아주 중요합니다. 이 고백을 자주 해야 합니다. 신앙의 새로운 차원이 열리기 때문입니다. 내가 십자가 위에서 죽었다고 고백하는 순간마다 나는 십자가를 통하여 하나님 나라로 올라가는 것입니다.

예를 들면 어떤 일을 만나서 화가 나고 걱정이 됩니다. 그러면 그 순간 우리가 가장 먼저 할 일은 "주님 저는 십자가에 죽었습니다" 하고 고백하는 것입니다. 이렇게 진정으로 내가 죽었음을 고백할 때 내 마음은 문제로부터 떨어져 나와 하나님께로 올라가서 보좌 앞에 서게 되는 것입니다. 이제는 하나님의 마음으로, 예수님의 시각으로 문제를 바라볼 수 있는 것입니다. 이것이 예수님이 가르쳐 주신 주기도문의 첫 번째 원리입니다.

이름이란 무엇인가

하나님의 이름을 부르고, 문제에서 벗어나 하늘로 올라가면 어떤 현상이 벌어집니까? 하나님의 이름이 "거룩히 여김을 받"게 됩니다. 이게 무슨 의미일까요?

이름의 철학적 의미를 생각해 봅시다. 이름이란 존재를 대표합니다. 그 사람, 그 인격을 압축하는 것입니다. 쉽게 말하면 그 존재를 드러내는 것이 이름입니다. 사과를 먹고 싶으면 사과라는 이름을 불러야 합니다. "사과가 먹고 싶다, 사과를 사러 가자" 해야 하고, 과일 가게에 가서 "사과 주세요" 해야 사과를 먹을 수 있습니다. 이름을 불러야 그 이름으로 불리는 존재가 따라오는 것입니다. 맛있는 음식 이름을 들으면

침이 넘어가고 배가 고프다는 걸 느끼게 됩니다. 그 이름에 우리 몸이 반응한다는 것이지요.

황명환이라는 이름은 세 글자밖에 되지 않지만 저에 관한 모든 것을 담을 수 있습니다. 제 과거 역사, 제가 쓴 책, 가족, 꿈, 하고 있는 일 등, 저와 관계되어 있는 모든 것을 총망라하는 것입니다. 저를 만나려면 어떻게 해야 합니까? "황명환 목사님을 만나고 싶어요" 하고 요청해야 합니다. 속으로 아무리 저를 생각해도 제 이름을 부르지 않고는 만날 수가 없습니다. 즉 이름이란 그 존재를 붙잡을 수 있는 고리입니다. 이름을 말하면서 그 인격을 불러오는 것입니다. 그 사람에 대해서 생각할 때도 이름을 떠올려야 합니다. 칭찬할 때도 욕을 할 때도 이름을 불러야 합니다.

우리가 하나님 앞에 어떻게 섭니까? 그분의 이름을 불러야 합니다. 하나님을 만나고 싶으면 하나님의 이름을 불러야 합니다. 존재와 이름은 분리될 수 없습니다. 이름은 존재를 불러오는 끈이기 때문입니다. 그러므로 하나님의 이름은 '하나님의 존재' '하나님의 임재' '하나님 앞에서'라는 뜻입니다. 사실 하나님은 이름으로 규정되는 분이 아닙니다. 너무나 크기 때문입니다. 그러나 우리를 위해서 당신의 이름을 알려 주셨습니다. 이것은 놀라운 사랑입니다.

거룩이란 무엇인가

그렇다면 '거룩'이란 무엇일까요? 구별된다는 의미입니다. 구별이란

깨어 기도할 수 없겠느냐

차이가 있다는 것이지요. 이름이라고 같은 이름이 아닙니다. 세상에 수많은 이름이 있고, 그 이름들과 다양한 관계를 맺으며 살아가지만, 거기에 대한 우리 반응은 다 다릅니다. 내가 좋아하는 사람의 이름이 있고, 무관심한 이름이 있고, 아주 싫고 역겨운 이름도 있습니다. 이름도 내 앞에서는 다 선호가 생깁니다. 우리가 가장 좋아하는 이름이 뭘까요? 부르기만 해도 행복한 이름이 있습니다. 자녀의 이름이지요. 자녀의 이름은 생각만 해도 기쁨이 샘솟고 마음으로 달려가서 보고 싶어요. 충만한 감격과 사랑이 샘솟습니다. 그런 의미에서 자녀의 이름은 그 어떤 이름과 비교할 수가 없습니다. 이것이 바로 구별되는 것입니다. 다시 말하면 자녀의 이름은 다른 이름보다 거룩히 여김을 받는 것입니다. 우리는 거룩의 의미를 바로 이해해야 합니다. 거룩이란 '다른 것과 구별되는' '가장 소중한' '가장 사랑하는' '가장 의미 있는' '가장 좋아하는' '가장 감격스러운' 이런 의미입니다.

그렇다면 하나님의 이름이 거룩히 여김을 받는다는 것은 무슨 뜻일까요? 다른 이름과 비교할 수 없다는 뜻입니다. 우리가 하나님을 알고 사랑하게 되면 그 이름만 들어도 기뻐 뛰고 감격하게 되겠지요. 그것이 거룩히 여김을 받는다는 말입니다. 그러니까 하나님 이름이 거룩히 여김을 받는다는 것은 그분의 이름을 세상 모든 그 어떤 존재보다 값지고 아름답고 감격스럽고 황홀한 것으로 여긴다는 말입니다. 하나님의 존재가 모든 것보다 더 크게 느껴진다는 뜻입니다. 하나님만이 나의 현실이 되는 것입니다. 세상의 수많은 이름이 하나님과 비교할 때 아무 것도 아니어야 합니다. 내 마음 속에서 다 빛을 잃고, 무가치한 것이 되어야 합니다. 이것이 아버지의 이름이 거룩히 여김을 받는다는 의미입니다.

북한에서 김일성이라는 이름을 말해 보세요. 그곳 사람들은 그 이름만으로도 너무나 감격합니다. 눈물을 흘리며 두 손을 들고 펄쩍펄쩍 뜁니다. 이유야 어찌 됐든, 그곳 사람들은 김일성이라는 이름을 다른 이름과 구별하기 때문입니다. 다른 이름이 그 앞에 결코 설 수 없습니다. 만약에 선다면 처형될 것입니다. 그 이름에 합당한 반응과 존경을 보여야 합니다. 이것이 거룩히 여김을 받는 것입니다.

나와 하나님의 관계를 알 수 있는 것이 바로 그 이름에 대한 나의 반응입니다. 하나님의 이름에 감격하고 있습니까? 그 위대한 이름을 듣고 기뻐하고 전율합니까? 맛있는 음식 이름을 들으면 침이 넘어가고, 사랑하는 연인의 이름을 생각하면 미소 지으면서 하나님의 이름을 듣고 아무 반응이 없다면 이것은 하나님과 내 관계가 굉장히 멀다는 말입니다. 하나님의 이름을 부를 때 그분의 임재를 느끼시나요?

하나님께 가장 큰 비중을 드리세요. 다른 것에는 마음을 주지 않는 상태가 되어야만 합니다. 하나님께 내 마음의 일부만 드리면 안 됩니다. 그것은 구별하는 것이 아닙니다. 그 정도로는 하나님 이름이 거룩히 여김을 받으실 수 없습니다. 전부를 드려야 합니다. 이것이 바로 하나님의 이름이 거룩히 여김을 받으시는 상태입니다.

"하늘에 계신 우리 아버지여"는 우리 마음이 어디에 있어야 하는지를 가르쳐 줍니다. 우리 마음이 하나님이 계신 하늘로 가야 하는데, 지금 이 땅의 문제에 붙들려 있습니다. 이 세상에서 출세해 보겠다고, 건강해 보겠다고, 자식 잘 키워 보겠다고 마음이 온통 세상에 붙들려 있습니다. 이런 마음을 어찌하면 좋겠습니까? 그래서 "제 마음이 오직 하나님이 계신 그곳에 있게 해 주소서" 이렇게 기도해야 합니다. 하나님 이름을 부릅니다. 내가 땅의 문제에서 벗어나 십자가를 통해 하나님 앞에 올라가게 해 달라고, 하나님의 존재 앞에서 기뻐하고 감격하게 해 달라고, 세상 무엇보다 하나님을 현실로 강하게 느끼게 해 달라고 기도합니다. 정말 놀라운 기도 아닙니까? 그래서 주기도문에서 첫 부분이 가장 중요합니다. 여기서 방향이 제대로 잡혀야 뒤에 나오는 구절들도 제대로 해석할 수 있습니다. 그렇지 않으면 삶의 방향이 왜곡됩니다.

빌립보서 4장 6절은 "아무 것도 염려하지 말고 다만 모든 일에 기도와 간구로, 너희 구할 것을 감사함으로 하나님께 아뢰라"고 말씀합니다. 어떻게 감사하며 기도할 수 있을까요? 우리는 문제 속에 빠져서 찡그리고 불안하고 쫓기면서 기도하지, 감사하며 기도하지 못합니다. 그런데 감사하며 기도할 수 있는 방법이 있습니다. 순서가 정확해야 합니다. "기도와 간구"입니다. 즉 기도가 먼저라는 말입니다. 기도란 하나님을 바라보는 것입니다. 간구는 내가 원하는 것을 구하는 것입니다. 그러니까 먼저 우리 마음이 하나님께 가야 합니다. 하나님 앞에서 그 문제를 바라봐야 합니다. 그럴 때 문제가 별것이 아니라는 것을 알게 되고, 안심하며 평안을 누리게 됩니다.

반대로 문제부터 보기 시작하면 문제가 너무 크게만 보여서 내 식으로 기도하고 처리하게 됩니다. 그러다 보면 감사하며 기도할 수 없습니다. 불안하고, 원망하고, 절규하며 기도할 수밖에 없습니다. 그러니까 먼저 하나님을 바라보세요. 그 안에서 문제를 바라볼 때, 감사하면서 기도할 수 있습니다.

먼저 네가 만난 문제, 네가 닥친 상황에서 벗어나 마음을 하나님께 올려드리고, 하나님을 바라보라. 십자가를 통과해서 하늘로 네 마음이 올라가라. 그래서 아버지 앞에 서라. 그리고 하나님으로 인하여 감격하고 충만해져라. 여기서부터 모든 문제가 풀립니다. 이 은혜가 여러분에게 가득하길 축원합니다.

기도 ───

하나님 아버지.

우리가 문제를 만났을 때, 마음을 문제에 빼앗기지 말고 하나님께 올려드리게 하소서. 하나님을 먼저 바라보고 하나님 앞에 서게 하소서. 하나님으로 인하여 감격하고 충만해지게 하소서. 아멘.

깨어 기도할 수 없겠느냐

† 내 마음이 하나님께로 향하려면 어떻게 해야 합니까?

_____

_____

† 하나님의 이름이 거룩히 여김을 받는다는 것은 무슨 뜻일까요?

_____

_____

† 세상의 문제에서 돌이켜 하나님께 나아갈 때, 우리는 무엇을 경험하게 될까요?

_____

_____

_____

21

뜻이
이루어지이다

✦

마태복음 6:10

나라가 임하시오며 뜻이 하늘에서 이루어진 것같이 땅에서도 이루어지이다

깨어 기도할 수 없겠느냐

나는 십자가에서 죽었습니까? 내 마음을 세상에 빼앗기지 않고 먼저 하나님께 올려 드리고 있습니까? 하나님 이름을 부르며 그 앞에서 기뻐합니까? 그 이름만으로 만족합니까? 우리가 이렇게 되기를 소망하며 기도하다 보면 하나님을 만나게 됩니다. 하나님을 만난 후에는 어떤 일이 일어날까요?

하나님 나라는 어디에 임하는가

첫째, 하나님 나라가 임합니다. 어떤 사람들은 본문 말씀을 보고 실제로 이 땅에 하늘나라가 임한다고 생각했습니다. '우리가 사는 이 땅에 천국이 임한다, 그러니 이곳을 천국으로 만들어야 한다'고 생각한 것입니다. 여기서 나온 사상이 매우 많습니다. 그중 하나가 '사회복음주의'입니다. 이 사상을 따르던 사람들은 "우리가 하나님의 백성이고, 하늘나라가 임해야 하니, 이 땅을 하나님 나라답게 만들어 가자"고 주장했습니다. 예를 들면 정치를 개혁하고, 사회제도를 바꿈으로써 하나님 나라가 이 땅에 임하게 하자는 식으로 사회개혁운동을 전개한 것입니다. 이것은 하나님 나라를 인간 중심적으로 생각한 결과입니다. 이 사상은 오늘까지도 엄청난 영향을 끼치고 있습니다.

그렇다면 그들이 생각하는 하나님 나라는 어떤 모습이었을까요? 여기에 대해서도 의견이 많습니다. 요약하면 이런 것입니다. 그들은 이 땅을 살 만한 환경으로 만들어야 하는데, 그러려면 인구가 너무 많아도 좋지 않다고 생각했습니다. 인구를 줄여야 한다고 생각했고, 장애인을 도

태시켜야 한다고 주장했습니다. 이 땅을 살기 좋은 환경, 천국으로 만들자는 것, 의도는 좋지요. 그러나 인간이 그 과정을 설계함으로써 얼마나 많은 문제가 야기됐는지 모릅니다.

그러므로 이 땅에 하나님 나라가 임하게 만들어야 한다는 생각은 어리석습니다. 인류 역사가 끝날 때까지 그런 일은 없습니다. 왜냐하면 이 땅은 하나님 나라를 받을 수 없기 때문입니다. 존재의 차원이 다르기 때문입니다. 이 세상은 물질입니다. 하나님 나라는 영적인 것입니다. 즉 주님의 이 말씀은 이 땅을 살기 좋은 유토피아로 만든다는 의미가 아닙니다.

아울러 여기서 말하는 하나님 나라는 우리가 죽으면 가는 하나님 나라가 아닙니다. 그것은 미래적인 하나님 나라입니다. 그러나 주기도문에서 말씀하신 하나님 나라는 현재적인 것입니다. 즉 오늘 우리가 여기서 경험하는 나라인 것입니다. 그 나라는 먼저는 내 마음에서 이루어집니다. 나라란 무엇인가요? 영토, 국민, 주권으로 이루어져 있습니다. 그러니까 하나님 나라란 하나님이 다스리고, 그분의 주권(통치권)에 순종하는 사람들이 있는 곳입니다. 그들의 마음에 현재적인 하나님 나라가 임합니다. 이렇게 현재적인 하나님 나라를 경험한 사람들이 죽어서 가는 곳이 영원한 하나님 나라인 것입니다. 찬송가에도 있지요.

내 영혼이 은총 입어 중한 죄 짐 벗고 보니
슬픔 많은 이 세상도 천국으로 화하도다
…

　　　　　　　　　　　　깨어 기도할 수 없겠느냐

주의 얼굴 뵙기 전에 멀리 뵈던 하늘나라

내 맘속에 이뤄지니 그 어디나 하늘나라

_찬송가 438장

하나님의 나라는 십자가를 통해 내 마음을 하나님께로 올려 보내는 사람의 마음속에서 이루어지는 것입니다.

하나님께는 뜻이 있다

내 마음에서 하나님 나라가 이루어졌어요. 하나님을 소유하게 되었고, 하나님 나라가 현실이 되었습니다. 이것은 마치 무엇과 같을까요? 변화산에서 제자들이 경험한 것과 같습니다. 베드로, 야고보, 요한은 예수님이 모세와 엘리야와 대화하는 것을 보았습니다. 너무도 황홀했습니다. 베드로가 "우리가 여기에 초막 셋을 짓고 살면 좋겠습니다"라고 말했습니다(막 9:5). 자기들에 대해 걱정을 전혀 하지 않습니다. 이 세상에 대한 소원이 없어졌습니다. 그러고 나면 어떻게 될까요?

그다음에는 "뜻이 하늘에서 이루어진 것같이 땅에서도 이루어"집니다. 여기서 "뜻"은 내 뜻이 아닙니다. 하나님의 뜻입니다. 중요한 것은 하나님에게는 뜻이 있다는 것입니다. 하나님의 뜻은 하늘에서 완전히, 백 퍼센트 이루어집니다. 하나님의 뜻에 모두가 복종하고, 감사하고, 찬양하고, 영광을 돌립니다. 하나님의 뜻에 복종하지 않는 것은 인간뿐입니다. 자기의 뜻을 하나님의 뜻보다 앞세우는 존재가 인간입니다. 그러므로 이 땅에서는 하나님의 뜻이 백 퍼센트 이루어지지 않습니다. 왜 그럴까요? 하나님의 통치에 거역하기 때문입니다.

문제는 땅에서도 하나님의 뜻이 이루어져야 합니다. 그러기 위해서는 먼저 하나님께는 뜻이 있다는 것을 알아야 합니다. 대부분의 사람은 나를 향한 하나님의 뜻이 있다는 것을 모릅니다. 그냥 내 소원이 이루어지기를 바랄 뿐입니다. 그런데 내 뜻을 넘어서는 더 높은 뜻, 하나님의 뜻이 있으며 그 뜻이 나의 뜻보다 훨씬 좋다는 것을 알면 인생에 새로운 눈을 뜨게 됩니다. 그전까지는 내가 누군지, 왜 살아야 하는지, 어떻게 살아야 하는지 모릅니다. 그러나 나를 향한 하나님의 뜻이 있다는 것을 받아들이고 깨달으면서, 자기 인생에 눈을 뜨고 새로워지는 것입니다. 하나님에게는 뜻이 있을 뿐 아니라 그 뜻이 우리의 뜻보다 월등합니다. "하늘이 땅보다 높음같이 내 길은 너희의 길보다 높으며 내 생각은 너희의 생각보다 높음이니라"(사 55:9)라고 한 성경 말씀을 인정해야 합니다.

그러면 이렇게 좋은 하나님의 뜻이 어떻게 하면 이 땅에서 이루어질까요? '하나님의 뜻을 기뻐하고 순종하는 사람들이 얼마나 되는가? 그 사람들이 얼마나 철저히 순종하는가?'에 따라 이루어집니다. 사실 하나님의 뜻을 이루는 데 나 자신이 방해가 되는 경우가 많습니다. 그러나 이제 내 마음에 하나님 나라가 임했습니다. 내 마음이 하나님으로 꽉 찼습니다. 다른 어떤 것으로 더 채울 필요가 없습니다. 하나님을 소유했는데 뭐가 더 필요하겠습니까? 이제 하나님의 뜻을 이 땅에 이루는 것을 목적으로 삼을 때, 내 삶의 현장은 하나님의 뜻이 이루어지는

깨어 기도할 수 없겠느냐

장소가 되는 것입니다.

내 인생의 소명

우리는 모두 나름대로 의미 있는 인생을 살기 위해 '어떻게 살까, 무엇을 위해 살까?' 이런 것들을 고민합니다. 본문 말씀은 여기에 대한 대답입니다. 다른 말로는 인생의 소명에 대한 말씀입니다. 하나님의 이름이 거룩히 여김을 받게 되면 내 마음에 하나님의 나라가 임합니다. 내마음에 하나님의 나라가 임하면 이 땅의 다른 소원은 없어집니다. 이제 내 소원보다 중요한 것은 하나님의 뜻입니다. 하나님의 뜻에 관심을 갖게 되고, 그 뜻을 이루는 것이 내 사명이라는 것을 알게 됩니다. 그럴 때 하나님의 뜻이 땅에서 이루어지는 것입니다.

저는 지금까지 살아오면서 '신앙생활이란 무엇인가?'에 대해 종종 생각했습니다. 처음에는 내 뜻을 요구하고, 이루어 달라고 기도했습니다. 내 뜻이 이루어지는 것이 완전한 내가 되는 비결이라고 생각했습니다. 그렇게 되면 얼마나 행복할까 생각했습니다. 그러나 시간이 가면서 기도가 바뀌었습니다. 나를 향한 하나님의 뜻이 내가 원하는 것보다 크다는 것을 알게 되었습니다. 물론 지금도 내가 원하는 것이 있습니다. 그리고 그것을 위해 기도합니다. 그러나 달라진 것이 있습니다. 이제는 하나님이 "내 뜻은 그것이 아니다, 이것이 나의 뜻이다" 하시면 저는 "네, 주님, 맞습니다, 주님의 뜻이 옳습니다, 그렇게 하세요, 저는 기쁘게 수용하겠습니다" 하고 화답합니다. 왜냐하면 주님의 뜻이 내 뜻보다 훨씬 더 아름답고, 유익하고, 지혜롭다는 것을 알기 때문입니다. 하나님의 뜻이 있다는 것을 알게 되면 그것이 내 뜻보다 더 중요해집니다. 그래서 그 뜻이 이루어지기를 기도하는 것입니다.

내 삶의 현장은 하나님의 뜻이 이루어지는 곳

이렇게 설명하면 어떤 사람은 '그럼 나는 뭐지? 내 뜻과 소원은 뭐가 되는 거지?'라고 생각할 것입니다. 그러나 그것은 내가 없어지는 것이 아닙니다. 마침내 되어야 할 나, 가장 완전한 내가 되는 것입니다. 죄 때문에 마땅히 되어야 할 내가 되지 못했는데, 이제 하나님의 뜻이 이루어지기를 기도하면서 살아갈 때 하나님 아버지의 완벽한 뜻이 나를 통해 이 땅에 이루어지는 것입니다.

예를 들어 볼까요? 사도 바울과 실라가 빌립보 감옥에 갇혔습니다. 그들이 거기서 뭘 했나요? 밤중에 감옥에서 찬양을 불렀습니다. 그들의 마음에 천국이 임한 것입니다. 그때 어떤 일이 벌어졌습니까? 감옥 문이 열렸습니다. 그들은 하나님께 그 문을 열어 달라고 애통하며 부르짖지 않았습니다. 사도 바울과 실라가 바랐던 것은 하나님의 뜻이 이루어지는 것뿐이었습니다. 그리고 옥 문이 열리는 것이 하나님 뜻이었습니다. 그러므로 내 마음에 천국이 임하면 내 삶의 현장은 하나님의 뜻이 이루어지는 현장이 됩니다. 이것이 바로 천국을 현실로 사는 자들이 경험하는 은혜입니다.

자녀가 속을 썩입니다. 아이를 내가 고쳐 보려고, 내 마음에 드는 사람으로 만들려고 무진 애를 씁니다. 그런데 그게 쉽게 됩니까? 결국 두 손 두발 다 들고 내 마음을 하나님께 올려 드립니다. 그리고 천국을 경험합니다. 이제는 이 모든 것이 별것 아니게 됩니다. 그야말로 하나님의 뜻이 이루어지길 바랄 뿐입니다. 그럴 때 이 아이를 향한 하나님의 뜻이 뭔지 알게 되고, 내가 그 통로가 될 수 있는 것입니다. 그러므로 천국을 현실로 경험하게 되는 그 사람에게 있어서 삶의 현장은 하나님의 뜻이 이루어지는 장소가 되는 것입니다.

데이비드 베너는 "그리스도인들이 가장 많이 드리는 기도는 주기도문이다, 그러나 실제로는 가장 드리지 않는 기도가 주기도문이다"라고 했습니다. 무슨 뜻일까요? 입으로는 외우지만 마음으로는 드리지 않는다는 말입니다. 왜냐하면 우리는 이렇게 기도하기를 좋아하지 않기 때문입니다. 주기도문을 연구한 신학자들은 이런 고백을 합니다.

"주기도문을 제대로 기도하는 것은 참으로 어려운 일이다. 그 이유는 우리의 본성을 거스르기 때문이다. 그러므로 수없이 이 기도를 반복하지만 대부분 그 뜻을 모르고 암송하며, 기도한다고 해도 진실로 하지 못하는 것이다. 이런 딜레마를 어떻게 극복할 수 있는가? 이 상황을 그대로 말하는 것이다. '주님이 가르쳐 주신 기도를 제대로 하기가 솔직히 힘들어요. 도와주세요. 정말 이 기도가 나의 기도가 되도록, 내가 간절히 원하는 기도가 되도록 도와주세요.' 그러면 내 마음이 하나님의 뜻을 갈망하도록 도와주실 것이다."

내 마음 속에 하나님의 나라가 임할 때, 즉 하나님이 내 안에 거하셔서 나를 다스리시고 내가 그분의 다스림에 복종할 때, 하나님의 뜻이 나를 통해 이 땅에 이루어집니다. 여러분의 마음에 하나님 나라가 임하고, 하나님의 뜻을 이루는 삶이 되기를 축원합니다.

기도 —————————————————————————————————

하나님 아버지.

내 마음에 하나님 나라가 이루어지게 하소서. 내 마음이 주님으로 꽉 차서 더 이상 소원이 없는 만족을 누리게 해 주소서. 그리고 이제는 내 뜻보다 더 아름답고 위대한 주님의 뜻이 있음을 알게 하소서. 주님의 뜻이 무엇인지 알기 위해 노력하게 하시고, 그 뜻을 이루는 것을 내 인생의 목표로 삼게 하소서. 아멘.

† 하나님의 나라는 어디에 임합니까?

_____

_____

_____

† 내 인생의 소명은 무엇입니까?

_____

_____

_____

† 내 뜻이 아닌 하나님 뜻이 이루어지게 해달라고 기도했을 때 경험한
　 사건이나 변화가 있다면 나눠 봅시다.

_____

_____

_____

22

일용할 양식을
주소서

마태복음 6:11

오늘 우리에게 일용할 양식을 주시옵고

깨어 기도할 수 없겠느냐

주기도문을 외면서 나를 향한 하나님의 뜻이 무엇인지 알게 해달라고 기도하셨나요? 하나님 뜻을 이루기 위한 도구로 써 달라고 기도했나요? 이제 주기도문은 또 무엇을 우리에게 가르쳐 주고 있을까요?

일용할 양식이란

하나님의 뜻을 이 땅에서 이루기 위해서는 내 육체가 필요하고, 육체를 위해서는 일용한 양식이 필요합니다. 그러므로 일용할 양식은 육체가 살아가는 데 필수요소입니다. 그러므로 우리의 삶을 위해 일용할 양식을 달라고 기도해야 합니다.

동시에 이 기도는 예수님의 경제관을 압축한 것입니다. 아주 간단하지만 모든 경제 문제를 해결하는 방법이 이것입니다. 그러므로 위대한 말씀입니다. 11절에서 "일용할 양식"이란 헬라어로 '톤 에피우시온(τὸν ἐπιούσιον)'입니다. '하루 동안 필요한 물품 목록'을 말합니다. 예를 들면 식당의 주방장이 그날 하루 장사를 하기 위해 필요한 물건의 주문표입니다. 새벽에 장을 보러 갈 때 쌀 몇 킬로그램, 고기 몇 근, 당근 몇 개, 밀가루 몇 포 따위의 것을 적은 목록표입니다. 여기서 양식은 먹는 것 외에도 삶에 필요한 모든 것, 즉 용기와 지혜, 능력, 건강 같은 것도 포함한 종합적인 개념입니다. 오늘을 살아가기 위해 삶에 꼭 필요한 것들의 목록입니다. 그렇다면 일용할 양식을 달라는 의미는 무엇일까요?

첫 번째 의미는, 돈을 위한 인생이 아니라 사명을 위한 인생을 살게 해 달라는 것입니다. 인생 목표가 물질이 아니라 사명이 되게 해 달라는 뜻입니다. 하나님의 뜻을 이 땅에 이루는 그 소명을 이루며 살기 위해서 필요한 것이 있는데, 그것을 채워 달라는 뜻입니다. 그것이 "일용할 양식"입니다.

그런데 세상에는 이런 소명 없이 먹고사는 것 자체가 목적인 사람들이 많습니다. 그런 사람에게 "너 왜 그렇게 열심히 일하니? 인생 목적이 뭐니?" 하고 물으면, "인생 목적? 돈 많이 버는 거지, 그래야 잘 먹고 잘 살 것 아냐?" 이렇게 말합니다. 돈 많은 것이 잘사는 것과 동의어가 되었습니다. 돈이 많은 것과 잘사는 것은 다릅니다. 잘산다는 것은 하나님의 뜻이 이 땅에 이루어지도록 나를 내어드리는 것입니다.

그럼에도 우리가 돈 많은 것과 잘사는 것을 혼동하는 이유는 하나님으로 마음을 채우지 않았기 때문입니다. 빈 마음을 뭔가로 채워야 하는데, 그걸 돈으로 채우는 거예요. 그런 사람들은 결코 일용할 양식으로 만족하지 않습니다. 만족할 수가 없지요. 일용할 양식보다 훨씬 많은 돈, 한없이 많은 돈, 빈 마음을 채워야 할 만큼의 돈을 원하게 됩니다.

그러나 하나님의 뜻을 이루려는 사람들은 돈에 욕심이 없어요. 그 일을 하며 살 수 있는 일용할 양식이면 됩니다. 그러니까 일용할 양식을 달라는 말은 돈을 위한 인생이 아니라, 사명을 위한 인생을 살게 해 달라는 기도입니다. 그리고 그것을 위해 필요한 것을 공급해 달라는 것입니다. 그래서 소명이 무엇인지 모를 때 우리는 주기도문을 외면서 이렇게 기도해야 합니다.

"내가 먹고사는 목적이 뭔지 알게 하소서. 단순히 먹고사는 것을 넘어서 인생의 의미를 알게 하소서. 하나님의 뜻을 이 땅에 이루는 것, 그것이 내 인생의 목적이며 그것을 위해 살아가게 하소서."

왜 그렇게 욕심이 많을까

일용할 양식을 달라 기도하는 두 번째 의미는, 필요 이상의 욕심을 부리지 않겠다는 뜻입니다. 우리가 살아가는 데 많은 것이 필요할 것 같지요? 그러나 정말 오늘 하루에 꼭 필요한 것은 많지 않습니다. 그런데 사람들은 엄청나게 많은 것이 필요하다고 생각합니다. 이 시대 자본주의 정신이 그렇습니다. 아직 부족하고, 좀 더 가져야 한다는 인식을 사람들에게 계속해서 심습니다. 그래야 장사가 되지 않겠어요? 사람들은 거기에 물들어 많이 가지고서도 만족이 없습니다. 욕심이 커졌습니다.

그러면 우리는 왜 그렇게 많이 원하는 걸까요? 미래에 대한 불안 때문입니다. 왜 불안할까요? 이 시대를 사는 우리는 오늘 필요한 양식을 충분히 갖고 있습니다. 그게 없어서 불안한 것이 아닙니다. 내일 필요한 양식이 없다는 생각 때문에 불안한 것입니다. 반면 돈이 있으면 내 미래와 인생을 보장할 수 있다고 생각합니다. 이런 의미의 돈, 삶의 최후 보장으로서의 돈은 이미 교환과 축적의 개념을 넘었기 때문에 벌써 신으로 승격된 것입니다. 쓰지 못할 돈인데, 은행에서 찾지도 않을 돈인데 그것을 생각하며 위로를 받습니다. 그러나 하나님이 내일도 모레도 공급하실 것을 믿는다면 오늘 일용할 것으로 만족할 수 있습니다.

독일의 철학자 쇼펜하우어(Arthur Schopenhauer)는 재산에 세 종류가 있다고 말했습니다. 첫째, 꼭 필요한 재산입니다. 이것은 일용할 양식입니다. 없어서는 안 됩니다. 둘째, 여유 재산입니다. 이것이 있어야 남에게 베풀 수 있습니다. 주고 싶을 때 주고, 쓰고 싶을 때 쓸 수 있는 여유도 필요합니다. 하나님은 이런 재산도 주십니다. 셋째, 불필요한 재산입니다. 즉 우리를 불행하게 만드는 돈을 말합니다. 돈 때문에 근심도 많고, 다툼도 많고, 교만해지고, 믿음도 잃어버리고, 심지어는 건강과 가정과 명예도 잃어버리는 경우가 많습니다. 쇼펜하우어의 그다음 말이 더 중요합니다.

"그런데 많은 사람이 불필요한 재산 때문에 탐욕을 부린다."

일용할 양식을 달라는 기도는 아주 실제적이고 영적인 기도입니다. 그런데 대부분 사람은 일용할 양식을 넘어서 10년, 100년, 1,000년을 먹기 위해서 쌓아 둡니다. 어차피 죽을 때까지 쓰지도 못할 돈입니다. 그런데 거기서 만족을 못 하고, 자식의 미래, 손자 손녀들의 미래까지 다 책임지려고 해요. 그러다 보니 하나님의 뜻을 이룰 수 없습니다. 나를 통해 이루시려는 하나님의 뜻이 일용할 양식을 넘어서는 내 욕심 때문에 성취되지 못하고 망가지는 것입니다. 그렇게 한평생 만족하지 못하고 탐욕만 부리다가 아무것도 이루지 못하고 그냥 죽는 경우가 얼마나 많은지 모릅니다. 만약 일용할 양식으로 만족한다면 우리에게는 마음의 여유가 생겨납니다. 시간과 물질을 통해 하나님을 위해 할 일이 많다는 것을 깨닫고, 주의 뜻을 위해 얼마든지 사용할 수 있게 됩니다.

물질에 대한 내 태도는 어떻습니까? 지금 일용할 양식으로 만족합니까, 아니면 만족하지 않고 계속 재물에 묶여 있습니까? 이 질문에 답해 봄으로써 내 마음에 하나님 나라가 임했는지 아닌지, 하나님의 뜻을 이루는 것이 나의 소명인지 아닌지 점검해 볼 수 있습니다. 일용할 양식에 만족하지 않고 재물에 묶여 있다면 아직 내 마음에 하나님 나라가 임한 것이 아닙니다. 만약 그렇다면 "하나님, 저를 탐욕에서 벗어나게 하시고 꼭 필요한 재물, 일용할 양식으로 만족하게 하소서, 그 이상이 있다면 주를 위해 사용하게 하소서"라고 기도해야 합니다.

그래서 아굴은 잠언 30장 8절에서 "나를 가난하게도 마옵시고 부하게도 마옵시고 오직 필요한 양식으로 나를 먹이시옵소서"라고 기도했습니다. 가난하면 도둑질하고 남의 것을 탐냄으로써 하나님의 이름을 욕되게 할까 봐서이고, 부하면 배가 불러서 하나님을 모른다 할까 봐 오직 필요한 양식으로 먹여 달라 기도한 것입니다.

하나님은 충분히 공급하신다

세 번째 의미는, 소명을 완수하게 해달라는 뜻입니다. 우리는 일용할 양식을 먹어야 합니다. 언제까지입니까? 하나님 뜻이 나를 통해 이루어질 때까지, 계획하신 뜻을 다 이루실 때까지입니다. 따라서 일용할 양식을 구하는 기도는 하나님의 뜻을 이룰 때까지 내 생명을 붙잡아 달라는 것입니다.

조지 뮬러는 전쟁 중에 고아원을 운영했습니다. 예산도 세울 수 없고, 정부의 보조도 전혀 없었습니다. 그는 그저 "오늘은 아이들에게 무엇을 먹일까요?" 기도했을 뿐입니다. 밥 먹을 시간은 다가오는데, 먹일 것이 없습니다. 초조합니다. 그러나 때가 되면 어김없이 여기저기서 빵

이나 음식이나 돈이 들어왔습니다. 그래서 그렇게 어려운 환경 가운데
서도 65년간 고아들을 굶긴 적이 없었답니다. 그는 이런 과정을 통해
매일의 식사가 만나라는 것을, 광야에서도 하나님이 일용할 양식을 공
급하신다는 것을 확실히 알게 되었다고 합니다.

그럼 하나님이 공급하실 테니까 나는 아무 것도 하지 않고 놀고 있
으면 되는 걸까요? 아닙니다. 성실하게 일해야지요. "나는 입만 벌리고
있을 테니, 하나님이 내 입에 먹을 것을 넣어 주소서" 하면 굶어 죽습니
다. 부지런히 일해야 합니다. 다만 먹이는 분은 하나님이시라는 고백이
분명해야 합니다. 우리가 먹는 것은 일을 해서도, 하지 않아서도 아닙니
다. 나는 열심히 일하고, 하나님 은혜로 먹는 것입니다.

어느 백화점 점원이 아주 성실하다고 소문이 났습니다. 그는 늘 웃는
얼굴이었습니다. 물건도 잘 팔았고, 서비스 정신도 좋았습니다. 모범사
원 표창도 받았습니다. 그에게는 특별한 점이 있었습니다. 그는 손님이
물건을 사든 사지 않든 매장을 떠날 때 모자를 벗고 정중히 인사했습니
다. 손님이 까탈을 부려도 다른 직원 같으면 짜증을 부릴 텐데 그는 여
느 때와 같이 모자를 벗고 인사했습니다. 사람들은 점점 더 그를 좋아
했습니다. 누군가 그에게 어떻게 그렇게 화 한번 내지 않고 늘 웃을 수
있는지 비결을 물었습니다. 그러자 그가 말했습니다.

"사실은 제 모자 속에 비밀이 있습니다. 그것을 읽는 것입니다. 팔면
감사해서 읽고, 못 팔면 그것을 읽으며 기도했습니다."

"뭐라고 쓰여 있습니까?"

"일용할 양식을 주소서!"

깨어 기도할 수 없겠느냐

이런 자세가 필요합니다. 내가 열심히 일하면 하나님이 도우셔서 오늘도 먹을 것을 주십니다. 모든 것이 하나님께로부터 오는 것입니다.

이 땅에 하나님의 뜻이 이루어지기 위해서는 우리에게 변화가 일어나야 합니다. 어떤 변화가 필요할까요? 일용할 양식으로 만족하는 변화가 필요합니다. 그래서 우리는 "일용할 양식을 주소서"라고 기도해야 합니다. 이방인들은 무엇을 먹을까, 무엇을 마실까 고민합니다. 그러나 하나님의 자녀들이 일용할 양식을 구하는 기도는 내가 먹고살 것, 내 삶을 보장해 달라는 말이 아닙니다. 하나님의 뜻이 나를 통해서 이루어지게 해 달라는 기도입니다. 그 일에 내 몸을 내어 드리고 참여하게 해 달라는 기도입니다. 믿는 우리의 인생 목표는 물질이 아니라 사명이 되어야 합니다. 필요 이상의 욕심을 부리지 않아야 합니다. 더 나아가서 하나님의 뜻이 나를 통해 이루어질 때까지 내 육신을 건강하게 지켜야 합니다.

세상은 갈수록 경제 문제로 더 힘들어질 것입니다. 자원은 한정되어 있고, 인간의 욕심은 끝이 없으니 불안은 점점 커질 것입니다. 이 불안을 해결할 방법은 "일용할 양식을 주소서"라고 기도하는 것입니다. 사실 이 기도는 아무나 할 수 없습니다. 십자가에 못 박힌 사람, 진정한 그리스도인만 할 수 있습니다. 모든 사람이 이렇게 기도하면 얼마나 좋을까요? 이렇게 기도하면 겨우 죽지 않을 만큼만 먹게 될까요? 아닙니다. 이 땅에 풍요가 차고 넘칠 것입니다. 욕심을 부리기 때문에 서로에게 부족해지는 것입니다. 하나님은 우리에게 넘치게 주십니다.

하나님 아버지.

일용할 양식을 구하는 기도를 하게 하소서. 돈을 위한 인생이 아니라 사명을 위한 인생이 되게 해 주소서. 그리고 일용할 양식으로 만족하는 삶이 되게 하소서. 필요 이상의 욕심을 부리지 않게 하소서. 진정한 만족은 양식의 풍요가 아니라, 하나님의 뜻을 이루는 도구가 되는 데 있음을 알게 하소서. 주신 물질을 하나님의 뜻을 이루는 데 사용하게 하소서. 하나님의 뜻을 다 이룰 때까지 내 생명을 붙들어 주소서. 아멘.

† 일용한 양식이란 무엇입니까?

_____

_____

† 사람들은 왜 그렇게 욕심이 많을까요?

_____

_____

† 이 세상이 진정으로 풍요해지려면 무엇이 필요할까요?

_____

_____

_____

23

죄를
용서하소서

✦

마태복음 6:12

우리가 우리에게 죄 지은 자를 사하여 준 것같이 우리 죄를 사하여 주시옵고 인간은 관계 속에서 살아갑니다. 관계에는 두 가지가 있습니다. 수직관계와 수평관계입니다. 하나님과의 관계가 있고, 사람과의 관계가 있습니다. 기독교 상담학자 데이빗 씨맨즈(David Seamands)는 이렇게 말했습니다.

"30년이 넘도록 상담을 해 오면서 내가 확신하게 된 것은 기독교인에게 두 가지 문제가 있는데, 하나는 하나님의 용서를 완전히 믿지 못하는 것이고, 또 하나는 사람을 완전히 용서 못 하는 것이다. 하나님의 용서를 완전히 믿지 못하기 때문에 영적으로 늘 불안하고 평안이 없다. 사람을 온전히 용서 못 하기 때문에 분노와 갈등이 끊이질 않는다."

어떻게 하면 하나님과 올바른 관계를 맺을 수 있을까요? 또 어떻게 하면 사람들과 좋은 관계를 맺으며 살아갈 수 있을까요? 예수님은 주기도문을 통해 여기에 대답해 주십니다.

왜 용서해야 하는가

예수님은 인간이 이 땅을 살아가며 갖게 되는 관계의 문제를 해결해 주시기 위해 "우리에게 죄 지은 자를 사하여 준 것같이 우리 죄를 사하여 주시옵고"(12절)라고 기도하라 가르쳐 주십니다. 용서에 대한 이 말씀은 예수님의 관계학입니다. 아주 간단하지만 모든 관계를 회복하는 비결이 이 안에 들어 있습니다. 모든 관계 이론을 종합해도 이것을 넘어설 수 없습니다. 그렇다면 이 기도 속에 들어 있는 의미를 생각해 봅시다.

첫째, 우리는 죄인이라는 것입니다. 모든 사람은 누구나 하나님과 사람 앞에서 죄를 범합니다. 문제는 죄에 대한 인식이 없거나, 죄를 인정하지 않는 것입니다. 죄를 인정해야 회개할 텐데, 인정하지 않으니 회개가 없고, 회개가 없으니 죄 문제가 해결되지 않습니다. 죄가 뭔지도 모르고, 죄 때문에 죽어 가면서도 완고한 태도를 유지합니다. 그러나 우리는 내가 죄인이라는 것을 인정해야 합니다. 그래야 삽니다.

둘째, 용서를 빌면 하나님은 죄를 용서하신다는 것입니다. 즉 "용서해 달라고 기도하라"는 것입니다. 사실 이 말에는 모순이 있습니다. 지금 이 말을 누가 누구에게 하고 있습니까? 용서하실 분이 용서를 받아야 할 사람에게 하고 있습니다. 주객이 전도되었습니다. 마치 아버지가 잘못한 자식을 혼내면서 "제발 잘못했다고 빌어라, 그래야 내가 너를 용서할 것 아니냐?"라고 말하는 것과 같습니다. 한마디로 "내가 너를 용서해 주고 싶다"는 말입니다.

셋째, 내가 얼마나 큰 죄인이고, 얼마나 큰 용서를 받았는지를 기억하라는 것입니다. 사실 이 부분은 이해가 어려울 수 있습니다. 한번은 성도 한 분이 이렇게 말하더군요.

"목사님, 주기도문으로 기도를 못 하겠어요."

"왜 그러죠?"

"우리가 우리에게 죄 지은 자를 사하여 준 것같이 우리 죄를 사하여 달라는 말을 할 수가 없어요. 용서가 안 되는 사람이 있거든요. 그런데 어떻게 내 죄를 용서해 달라고 합니까? 그래서 주기도문을 암송할 때마다 갈등이 생깁니다."

이 말씀이 정말 "하나님께 용서받으려면 네가 먼저 다른 사람을 용서해야 한다"는 의미일까요? 정말 하나님이 "네가 얼마나 다른 사람을 용서하는지 보고 나도 그만큼만 너를 용서하겠다"고 말씀하시는 것일까요? 사실 정상적인 순서라면 내가 먼저 하나님께 용서를 받는 게 먼저여야 하는 것 아닐까요? 그다음에 내가 다른 사람을 용서할 수 있지 않을까요? 내가 하나님께 용서받지 않은 상태에서 누군가를 용서할 수 있을까요? 그것은 아닙니다. 뭔가 순서가 바뀐 것 같지 않습니까? 이 구절을 어떻게 해석해야 하는 걸까요?

이 문제를 바르게 이해할 수 있기를 바랍니다. 우리 인생의 소명이 뭐라고 했지요? 하나님의 뜻을 이 땅에서 이루는 것입니다. 그런데 이 땅에서 하나님의 뜻을 이루려면 우리 혼자서는 안 돼요. 다른 사람과 더불어서 하나님의 뜻을 이뤄야 합니다. 그런데 그 일을 방해하는 것이 있어요. 그것이 바로 죄입니다. 그러니까 죄는 하나님의 뜻을 이루는 것을 방해합니다. 왜냐하면 죄는 관계의 단절을 가져오기 때문이에요. 죄를 지으면 하나님과의 관계는 물론, 사람과의 관계도 단절되게 되어 있습니다.

그런데 주기도문에 의하면 내 마음에 하나님의 나라가 임했잖아요. 그리고 하나님의 뜻을 이루는 것이 내 소명이 되었습니다. 그러니까 나는 하나님과의 관계가 회복되었습니다. 그러나 다른 사람과의 관계는 회복되지 않았어요. 그런데 내가 하나님의 뜻을 이 땅에서 이루기 위해서는 다른 사람과의 관계가 회복되어야 합니다.

다른 사람과의 관계가 회복되지 않고, 다시 말하면 깨어진 관계를 가진 채로 하나님의 뜻을 이룰 수는 없을까요? 깨어진 관계, 그 상태에서도 어떤 일이 이루어질 수는 있습니다. 그러나 그 일은 하나님이 이루려고 하시는 일이 아니지요. 오히려 악에게 이용되기 쉽습니다. 하나님은 그것보다 더 차원 높은 일을 이루려고 하시는데, 그것을 위해서는 죄 문제가 해결되어야 합니다. 용서하지 않으면 안 됩니다.

예를 들어, 부부는 하나님이 원하시는 뜻을 함께 이루어야 하는 사이입니다. 그런데 서로 미워하는 상태로는 그 소명을 이룰 수 없습니다. 하나님의 뜻을 이루기 위해서는 관계의 회복이 먼저 이루어져야 합니다. 관계 회복을 위해서 뭐가 필요할까요? 여기에서 용서의 문제가 등장하는 것입니다. 나와 하나님의 관계는 회복되었어도, 인간관계가 죄 때문에 깨어져 있어요. 그래서 이 관계를 회복하기 위해 상대방을 용서하라는 것입니다. 내가 용서해야만 그 사람과 내 관계가 회복되고, 그래야만 나와 그 사람의 관계에서 하나님의 뜻이 이루어질 수 있습니다.

용서하면서 알게 되는 것

그런데 용서가 쉽습니까? 정말 어렵습니다. 용서하려면 몸부림을 쳐야 합니다. 머리로는 용서하려고 하는데, 마음이 끝까지 거부합니다. 그래서 우리가 용서하려면 하나님께 말씀드려야 합니다. 하나님이 나를 용서하셨다는 사실을 의식해야 하고, 더 나아가서 하나님으로부터 용서의 힘을 받아야 합니다. 그 문제를 다시 하나님께 가지고 나와서 용서를 완성하는 것입니다.

용서하면서 깨닫게 되는 것이 있습니다. 용서가 얼마나 힘든 것인지,

깨어 기도할 수 없겠느냐

그리고 하나님이 나를 용서하시기가 얼마나 어려우셨을지, 얼마나 많은 희생을 지불하셨는지 알게 됩니다. 또한 내가 누군가를 용서할 때 하나님이 얼마나 기뻐하시는지, 용서할 때 나타나는 능력이 얼마나 큰지, 용서를 통하여 얼마나 많은 것을 이룰 수 있는지도 깨닫습니다. 그뿐만이 아닙니다. 내가 다른 사람을 용서하면 그만큼 하나님의 마음을 알게 됩니다. 그것이 계속해서 용서할 힘을 가져옵니다. 용서해야만 하나님의 뜻이 이뤄진다는 사실을 체득하게 됩니다. 그러니까 원리적으로는 하나님이 나를 먼저 용서한 것이 맞습니다.

그런데 용서란 내 힘으로 얼마든지 할 수 있는 것이 아닙니다. 내가 할 수 있는 용서란 지극히 작은 것입니다. 그것마저도 용서할 때마다 너무 힘들어 하나님의 도움이 필요합니다. 하나님께로 나오지 않으면 안 됩니다. 이런 과정 가운데 하나님의 마음을 알게 되고, 하나님을 더 사랑하게 됩니다. 또 더 크게 감격하고 하나님의 품으로 더 깊이 들어가면서 용서의 능력이 증폭됩니다. 그러니까 우리가 다른 사람의 죄를 용서하면 할수록, 하나님 앞에서 우리 죄가 얼마나 큰지를 알게 됩니다. 내가 용서한 것이 굉장한 것 같았는데, 하나님 앞에 내가 용서받은 것에 비하면 아무것도 아니라는 것을 깨닫는 것이지요.

처음에는 이런 생각을 할 수가 없어요. 왜냐하면 나는 죄 지은 게 별로 없다고 생각하기 때문입니다. 오히려 나한테 용서받아야 하는 그 사람이 너무 악한 인간이라고 생각합니다. 그 사람이 나에게 잘못한 것만 한없이 많다고 생각합니다. 그러나 내가 그 사람을 용서하면서 하나님 앞에 나가다 보면 내가 보입니다. 내가 얼마나 큰 죄인인가 알게 됩니다.

성경에 보면 1만 달란트 탕감받은 자가 100데나리온 빚진 자를 감옥에 가둔 얘기가 나옵니다. 자기가 얼마나 큰 죄를 용서받았는지 모르는 것입니다. 말로는 "아니에요, 저는 알아요, 저는 1만 달란트나 용서를 받았어요" 하고 말할지 모릅니다. 그러나 사실은 모르는 것입니다. 자기가 다른 사람을 용서해 보지 않으면, 내가 얼마나 큰 죄를 용서받았는지 알 수 없습니다. 다시 말하면 내가 하나님께 받은 용서의 크기와 내가 다른 사람을 용서한 크기가 비교가 안 된다는 것입니다. 그런데 이것을 처음에는 못 느낍니다. 내 눈이 열리지 않았기 때문에 내가 받은 용서의 크기를 가늠조차 할 수 없습니다.

그런데 100데나리온 빚진 자를 용서해 보면, 내가 다른 사람에게 베푸는 이 용서가 얼마나 힘든지 깨닫습니다. 이 작은 용서도 하기가 이리 힘든데, 내가 받은 용서는 비교할 수 없을 만큼 큰 것이구나 생각하게 됩니다. 내가 받은 용서와 내가 해야 하는 용서의 차이를 확실히 알게 됩니다. 그래서 다른 사람을 용서하는 사람은 점점 더 자기가 얼마나 큰 죄인이었는가를 알면서, 깊은 감격 속으로 들어가게 되어 있습니다. 그러니까 우리가 얼마나 큰 죄인인지를 모른다는 것은 결국은 다른 사람을 용서 안 해 봤다는 뜻입니다.

사람과의 관계는 하나님 나라가 임하고 뜻이 이루어지는 본격적인 무대입니다. 하나님의 뜻이 이루어지기 위해서는 이 사람과의 관계에서 내게 지은 잘못을 용서해 주는 일이 필요합니다. 그래서 12절의 기도가 나오는 것입니다. 내가 하나님께 용서를 받는 조건으로 다른 사람

깨어 기도할 수 없겠느냐

의 죄를 용서하는 것이 아닙니다. 깊은 의미에서는 하나님이 나를 먼저 용서한 것입니다. 그 은혜를 힘입고, 이제 하나님의 뜻을 이루려고 하다 보니 나에게 잘못한 사람을 용서해야 하는데, 그 용서의 과정을 통해 내가 받은 용서가 얼마나 놀라운 것인지 알게 되고, 그것을 알면 알수록 내가 받은 용서를 더 깊이 깨닫게 된다는 것입니다.

요셉을 봅시다. 그는 형들 때문에 노예로 팔렸습니다. 보디발의 아내는 요셉에게 누명을 씌워 감옥에 보냈습니다. 그런데 요셉은 형들도, 보디발의 아내도 용서했습니다. 그들의 잘못을 몰랐기 때문일까요? 아닙니다. 요셉은 자기 마음을 하나님께 올려 드렸습니다. 그 마음에 하나님의 나라가 임했고, 하나님의 뜻을 이루는 것이 가장 중요한 그의 소명이 되었기 때문에 그들을 용서한 것입니다. 그 용서가 쉬웠을까요? 아닙니다. 얼마나 힘들었으면, 그가 형제들을 보고 우는 소리가 왕궁에까지 들렸습니다. 그야말로 대성통곡했다는 뜻입니다.

그러나 요셉은 이 땅의 모든 것보다 하나님의 뜻을 앞세우고, 그 마음을 모두 하나님께 드렸습니다. 그래서 평안했어요. 이미 이 땅의 가치에 대해 그는 죽었습니다. 십자가에 못 박힌 것입니다. 그래서 "내가 십자가에 못 박혔습니다"라고 고백하는 것이 중요합니다. 하나님을 바라보고, 하나님 때문에 감격하고, 그 마음에 하나님 나라가 임한 사람, 그래서 하나님의 뜻을 이루는 것을 소명으로 여기는 사람만이 진정한 용서를 위해 몸부림치고, 하나님이 나를 얼마나 사랑하고 용서하셨는가를 깨달으며, 용서의 사람으로 살아갈 수 있습니다.

요셉의 큰아들 이름이 므낫세입니다. 그 이름에는 '잊어버렸다'라는 뜻이 있습니다. 뭘 잊었을까요? 옛날의 가치관, 세상에 대한 모든 미련, 더 나아가서 원수들에 대한 모든 분노와 미움을 잊었다는 것입니다. 그렇게 다 잊었는데, 그럼에도 막상 용서하려 하니 그렇게 눈물이 난 것입니다. 그만큼 용서는 어렵습니다. 그러나 용서는 이 땅에 하나님의 뜻을 이루는 데 반드시 필요하다는 사실을 기억하기 바랍니다.

기도

하나님 아버지.
우리는 하나님의 말로 다할 수 없는 큰 용서를 받은 사람들입니다. 용서받은 사람으로서 이웃을 용서하게 하소서. 용서하면서 또 받은 용서를 알아가는 우리가 되게 하소서. 하나님의 뜻이 이루어지도록 십자가에 나를 못 박게 하소서. 아멘.

† 모든 관계를 회복하는 세 가지 비결은 무엇인가요?

_____

_____

_____

† 깨어진 관계를 가진 채로 하나님의 뜻을 이룰 수 없는 이유는 무엇

　인가요?

_____

_____

_____

† 용서를 위해 내가 할 수 있는 것은 무엇인가요? 혹시 아직 용서하지

　못한 사람이 있다면, 어떻게 기도해야 할까요?

_____

_____

_____

24

악에서
구하소서

✦

마태복음 6:13

우리를 시험에 들게 하지 마시옵고 다만 악에서 구하시옵소서 (나라와 권세와 영광이

아버지께 영원히 있사옵나이다 아멘)

깨어 기도할 수 없겠느냐

예수님은 육신이 살아가면서 필요한 물질 문제를 "일용할 양식을 주소서"라는 기도로 요약하셨고, 하나님과 인간관계의 문제를 "우리의 죄를 용서하소서"라는 기도로 정리했습니다. 이렇게 두 가지가 정리되면 이 세상에 나가서 하나님의 뜻을 이룰 준비가 된 것입니다.

우리가 하나님의 뜻을 이루어야 하는 이 세상은 어떤 곳인가요? 푸른 초장 맑은 물가가 아닙니다. 영적인 전쟁터입니다. 거칠고 험한 곳입니다. 더 나아가서 우리를 방해하는 존재가 있습니다. 그것이 사탄입니다. 그래서 마지막 장에서는 '세상을 향해 나가는 하나님의 백성들을 방해하는 사탄의 세력에 대해 우리가 어떠한 자세를 취해야 하는가?'에 대해 알아보도록 하겠습니다.

시험은 어떻게 다가오는가

"우리를 시험에 들게 하지 마시옵고 다만 악에서 구"해 달라는 주기도문의 마지막 간구는 쉽게 말해 '사탄 대응법'입니다. 시험이란 무엇일까요? 사실 시험은 그렇게 대단한 것이 아닙니다. 악에 빠지도록 유도하는 사소한 것입니다. 그래서 대부분 시험은 이것이 시험인지도 깨닫지 못하는 가운데 다가옵니다.

예를 들면 에덴동산에서 뱀이 하와에게 접근해서 "하나님이 참으로 너희에게 동산 모든 나무의 열매를 먹지 말라 하시더냐"(창 3:1) 이렇게 묻습니다. 모든 나무의 열매를 다 먹지 말라고 하시지는 않았습니다. 다 먹어도 되는데, 오직 하나만 먹지 말라고 하셨습니다. 그런데 사탄이 하나님의 의도를 어떻게 왜곡시켰는지 보세요.

"동산 모든 나무 열매를 먹지 말라고 하셨느냐? 정말이야? 좋으신 하나님이 어찌 그럴 수가 있지?"

마치 하나님이 동산 나무 열매를 못 먹게 금지하신, 자유를 억압하는 존재인 것처럼 이미지를 왜곡합니다. 이 말을 듣기 전까지 아담과 하와에게는 아무 문제가 없었습니다. 그런데 뱀의 말을 듣고 보니 하나님에 대한 이미지가 바뀝니다. 하와는 이렇게 대답합니다.

"동산 중앙에 있는 나무의 열매는 하나님의 말씀에 너희는 먹지도 말고 만지지도 말라 너희가 죽을까 하노라 하셨느니라"(창 3:3)

하와에게 불만이 생겼습니다. "먹지 말라"고 하셨는데, "만지지도 말라" 하셨다는 말을 첨부합니다. "정녕 죽으리라" 하셨는데 "죽을까 하노라 하셨다"고 왜곡해 말합니다. 그 순간 뱀은 '계획한 대로 진행되고 있구나' 확신합니다. 더 대담하게 치고 들어옵니다. 사탄은 "너희가 결코 죽지 아니하리라" 이렇게 말합니다. 그러면서 "너희 눈이 밝아져 하나님과 같이 되어 선악을 알 줄 하나님이 아심이니라"라고 했습니다. 하와가 그 말을 듣고 보니 선악과가 먹음직도 하고 보암직도 하고 지혜롭게 할 만큼 탐스럽게 보여서 그만 따 먹었습니다. 악에 빠진 것입니다.

그러니까 시험이란 하나님과 나 사이에 틈이 생기게 만드는 것입니다. 어떤 생각이나, 말, 물건, 학문, 이론, 사건 등 수많은 것이 다 시험이 될 수 있습니다. 그림 한 장 때문에 사람이 넘어지기도 합니다. 하

깨어 기도할 수 없겠느냐

나님과의 관계 단절을 가져오고 결국은 악에 빠져 실패하도록 만듭니다. 그러니까 악에 빠지도록 인간을 유혹하는 것이 시험입니다. 아주 교묘하지요.

시험은 미끼와 같습니다. 예를 들면 낚시질을 할 때, 낚시 바늘에다 미끼를 꿰웁니다. 지렁이나 새우 같은 것, 물고기들이 잘 무는 미끼를 던집니다. 물고기가 볼 때는 맛있는 음식이 물에 떠다니니 얼마나 좋습니까? 콱 물어 버립니다. 그런데 그 속에는 낚싯바늘이 있어서 꼼짝 못 하고 끌려갑니다. 악에 빠지는 것입니다. 악은 한 번에 빠지는 것이 아닙니다. 시험에 들면서 점점 빠져듭니다. 그러니까 시험에는 들 수 있지만 악에 빠지지는 말아야 합니다. 그 전에 멈추어야 합니다.

시험을 분별하는 영적 센서

지금 내게 일어나는 일이 시험인지, 아닌지 알 수 있으면 좋겠지요? 그것을 분별하는 방법이 있습니다. 로마서 8장 6절에 보면 "육신의 생각은 사망이요 영의 생각은 생명과 평안이니라"라고 합니다. 같은 생각 같아 보여도 그 뿌리가 육에 속한 것이 있고, 영에 속한 것이 있다는 말입니다. 다시 말하면 사망으로 이끄는 생각이 있고, 생명과 평안으로 이끄는 생각이 있다는 것입니다. 사망으로 이끄는 생각을 따라가면 안 됩니다.

그럼 어떤 것이 사망을 따라가는 생각입니까? 겉으로는 잘 구별이 되지 않습니다. 뉴스를 보고, 어떤 사람의 이야기를 듣고, 어느 교회 이야기를 듣고, 마음에 갈등이 생겼습니다. 그래서 어떤 결정을 내렸습니다. 그 결정대로 일을 계획하고 실행에 옮겼습니다. 사람이 보기에는 지혜로운 결정이었습니다. 그런데 그렇게 하고 나니 내 영혼 깊은 곳에서 생명과 평안이 없어지고 뭔가 힘들어졌습니다. 결정적으로 하나님과 내가 멀어지는 것 같습니다. 내 영혼에 손해가 날 것 같고 교회와 내가 멀어집니다. 목사님과의 관계도 나빠질 것 같습니다. 마음이 어두워집니다. 그렇다면 그 생각은 논리적으로는 아무 문제가 없어도 시험이라는 것입니다. 그런 생각은 육에서 온 것, 그 뿌리가 사망이란 말입니다. 그런데 반대로 몸은 힘들고 손해도 볼 것 같지만 하나님이 기뻐하실 것 같은 때가 있습니다. 신앙적으로도 성장할 수 있을 것 같아요. 그러면 영에서 온 생각입니다. 그 뿌리가 생명이란 말입니다. 이렇게 분별하면 됩니다.

이런 영적 센서는 하나님이 이미 우리에게 주셨습니다. 우리가 늘 성경을 읽고, 기도하면서 생활하면 쉽게 느낄 수 있습니다. 그런 느낌을 따라가라는 것입니다. 그러면 점점 더 영적으로 민감해집니다. 그래서 어떤 말을 하거나 듣다가도 하나님이 좋아하실지 싫어하실지 바로 분별이 됩니다. 그래서 아무개 집사님 이야기를 하다가도 '그만 여기서 입을 다물자'고 생각하게 되고, 공동체가 잘못된 길을 가려고 하면 "그만 합시다" 하고 중단할 수 있습니다. 이것이 분별입니다. 결국 분별이란 하나님이 보는 관점으로 바라보는 것입니다.

분별했으면 그다음은 권세가 필요합니다. 분별해보니 그 뿌리가 사망이라는 것을 알게 되면 권세를 사용하면 됩니다. "사탄아, 물러가라!"

깨어 기도할 수 없겠느냐

하고 선포하는 것입니다. 사탄을 제압할 능력이 내 안에 있기 때문입니다. 바로 예수님의 이름입니다. 우리는 악한 생각을 예수님의 이름으로 물리쳐야 합니다. 그러면 악에 빠지지 않게 됩니다. 그러나 미끼를 물면 낚이고, 악에 빠집니다. 그러면 악은 우리를 조종해서 자기의 도구로 만들고, 소명을 이루지 못하도록 우리 인생을 망가뜨립니다. 그러므로 악에 빠지면 안 됩니다.

그런데 이것은 내 힘으로는 할 수 없습니다. 좋은 일도, 나쁜 일도 시험이 됩니다. 사탄이 언제 어디서 어떤 방법으로 치고 들어올지 모릅니다. 악은 우리를 이렇게 저렇게 찔러 보고 유혹하고 흔들어 봅니다. 아주 교묘하고, 아주 집요하게 다가옵니다. 그러므로 깨어 있어야 하고, 시험에 들지 않도록, 악에서 건져 주시기를 기도해야 합니다. 우리는 약한 존재이기 때문에 깨어 있지 않으면 얼마든지 시험에 들 수 있고, 악에 빠질 수 있습니다.

그럼 악이란 무엇일까요? 시험의 결과입니다. 쉽게 말하면 주기도문대로 살지 못하게 하는 것이 악입니다. 내 마음이 문제에 집착하게 만드는 것이고, 내가 십자가에 죽었다는 것을 망각하게 하는 것이고, 그래서 내 마음을 하나님께로 나가지 못하게 하는 것입니다. 또 주님의 이름에 감격하지 못하게 하는 것이고, 내 마음에 하나님 나라가 임하지 못하게 하는 것이고, 하나님의 뜻이 아니라 내 뜻을 이루려고 애쓰게 만드는 것입니다. 그래서 인생 소명을 깨닫지 못하게 하고, 일용할 양식이 아니라 돈에 미치게 하고, 서로 용서하지 않고 불화하고 미워하며 갈등함으로써 우리를 흔들고 망가뜨리는 것이 악입니다.

악에서 건진다는 것은 무엇입니까? 다시 주기도문으로 돌아가는 것입니다. 어떤 문제, 시험거리 앞에서 "나는 십자가에 죽었습니다" 고백하며 그 문제와 나를 분리시켜야 합니다. 내 마음을 하나님께 올려 드리고 하나님의 이름을 부르며 그분의 임재 앞으로 나아가야 합니다. 내 마음에 하나님 나라가 임하면 내 뜻보다 하나님의 뜻이 더 소중한 것을 깨닫고, 하나님의 뜻을 이 땅에 이루는 것이 내 소명이라는 걸 깨닫습니다. 그 소명을 이루기 위해 일용할 양식을 구하고, 다른 사람을 용서합니다. 마지막으로는 악과 싸워야 합니다.

그래서 주기도문은 아주 중요한 기도입니다. 그래서 성 어거스틴은 말했습니다.

"주기도문은 우리가 어떤 인간이 되어야 하는지, 우리 인생의 목적이 무엇인지, 어떻게 살아야 우리가 행복할 수 있는지를 정확하게 보여 주는 완벽한 기도이다."

맞습니다. 주기도문은 내가 누군지, 어떻게 살아야 하는지, 어떤 인간이 되어야 하는지, 내 소명이 무엇인지, 어떻게 그 소명을 완수할 수 있는지, 그것을 위해 내가 할 일이 무엇인지를 깨닫게 합니다. 주님 앞에서 내 소명을 완수하는 방법에 대해서 가르쳐 주는 위대한 기도입니다.

주기도문에 대한 우리의 고백

주기도문의 마지막 괄호 안의 문장은 예수님의 말씀이 아니라 기독교공동체에서 붙인 송영입니다. 주기도문에 대한 일종의 고백입니다. "나라"는 하나님의 통치와 임재를 말합니다. 나라는 하나님의 것입니다. 하나님이 모든 것을 다스리십니다. 그 통치를 벗어날 것은 아무것도 없습니다. "권세"는 하나님께로부터 나오는 것입니다. 세상 모든 권세는 하나님께 있습니다. 주실 권세도, 거절하실 권세도 그분께 있습니다. "영광" 역시 아버지의 것입니다. 이 모든 것을 통해 아버지께 영광이 돌아갑니다. 역사는 하나님의 나라, 하나님의 권세, 하나님의 영광을 드러내는 방향으로 전개됩니다. 아무리 시험이 있고, 악이 공격해도 하나님의 다스림은 더욱 확고해집니다. 하나님의 권세는 더욱 확장되고, 더 큰 영광이 하나님께 돌아갑니다. "아멘"은 '맞습니다, 그렇게 되어야 합니다, 나는 그것을 믿습니다'라는 뜻입니다. "앞으로 살아가는 동안 시험도 있고 악의 공격도 있겠으나 이런 과정을 통해 아버지의 나라와 권세와 영광이 드러나게 하소서, 그렇게 역사를 이끌어 가실 줄 믿습니다'라고 선포하는 것입니다.

지금까지 주기도문에 대하여 살펴보았습니다. 우리에게 기도란 평생에 걸쳐 해야 할 것입니다. 그런데 주님이 가르쳐 주신 기도의 본질을 몰라서야 되겠습니까? 특히 주기도문의 영적인 진리에 초점을 맞추어 내용을 정리해 보았으니, 한 번으로 끝내지 말고 여러 번 이 내용을 살펴보기를 바랍니다. 그리고 그대로 따라 기도해 보기를 바랍니다. 그렇게 따라서 하다 보면 처음에는 낯설어도 내 마음이 주기도문의 흐름을 따라가고, 그 논리 구조가 이해되면서, 확실한 변화가 있을 것입니다.

여러분 모두 주기도문의 영적 의미를 파악하고 기도하면서 점점 더 성숙한 기도의 사람이 되고 하나님의 뜻을 이루는 도구가 되기를 주님의 이름으로 축원합니다.

기도

하나님 아버지.

주기도문의 영적 진리를 이해하게 하소서. 주기도문을 기도의 뿌리로 삼고, 따라 기도하면서 더 강하고 담대한 기도의 사람이 되게 하소서.

아멘.

† 시험의 본질은 무엇인가요?

_____

_____

† 악에서 건진다는 것은 무슨 의미인가요? 그리고 그 앞에서 우리의 고
   백은 어떠해야 하나요?

_____

_____

† 주기도문에서 나에게 가장 의미 있게 다가온 부분은 무엇인가요? 이
   것을 통해 하나님께 올려드릴 나의 기도 제목 한 가지를 나눠 봅시다.

_____

_____